本书得到如下项目资助：
北京第二外国语学院"专业学位案例研究和建设"
北京市社会科学基金决策咨询项目"推进大运河、长城、西山永定河三条文化带建设研究"
以上项目主持人为邹统钎

旅游研究前沿书系

# "一带一路"旅游经典案例

邹统钎 ◎ 主编　　王春云 ◎ 副主编

从"大写意"到"工笔画"：
深度解析"一带一路"文化与旅游的交融奇迹

旅游教育出版社
·北京·

图书在版编目（CIP）数据

"一带一路"旅游经典案例 / 邹统钎主编；王春云副主编． --北京：旅游教育出版社，2024.9． --（旅游研究前沿书系）． -- ISBN 978-7-5637-4733-7

Ⅰ．F591

中国国家版本馆CIP数据核字第2024BJ3699号

旅游研究前沿书系
"一带一路"旅游经典案例
邹统钎　主编
王春云　副主编

| 策　　划 | 赖春梅 |
|---|---|
| 责任编辑 | 贾东丽 |
| 出版单位 | 旅游教育出版社 |
| 地　　址 | 北京市朝阳区定福庄南里1号 |
| 邮　　编 | 100024 |
| 发行电话 | （010）65778403　65728372　65767462（传真） |
| 本社网址 | www.tepcb.com |
| E - mail | tepfx@163.com |
| 排版单位 | 北京鸿文瀚海有限公司 |
| 印刷单位 | 唐山玺诚印务有限公司 |
| 经销单位 | 新华书店 |
| 开　　本 | 710毫米×1000毫米　1/16 |
| 印　　张 | 10.75 |
| 字　　数 | 144千字 |
| 版　　次 | 2024年9月第1版 |
| 印　　次 | 2024年9月第1次印刷 |
| 定　　价 | 68.00元 |

（图书如有装订差错请与发行部联系）

## 前　言

　　2013年秋，中国正式提出共建"一带一路"倡议。十余年来，中国政府与共建"一带一路"国家坚守初心、携手同行。从基础设施的"硬联通"到规则标准的"软联通"，再到共建国家人民的"心联通"，"一带一路"逐渐成为中国高水平对外开放的实践平台，实现了从理念到行动、从愿景到现实的转变。"一带一路"合作范围、合作领域不断扩大，150多个国家、30多个国际组织同中国签署了共建文件，涵盖了交通、旅游、科技、教育、医疗卫生等多领域。其中，旅游业作为促进跨国合作、文化交流和可持续发展的关键力量，在共建"一带一路"进程中起着举足轻重的作用。一是旅游促进人文交流，在推动共建国家的交流合作中起到桥梁和纽带作用。二是旅游促进要素流动，在带动区域经济增长中充当着引擎角色，为共建"一带一路"国家提供了广阔就业机会，也带动了本土产业蓬勃发展。

　　随着倡议的不断推动，各共建国家在旅游市场开放、旅游产业投资、旅游品牌营销、旅游安全等多个层面构建起更加紧密的合作关系。2023年10月18日举办的第三届"一带一路"国际合作高峰论坛更是为"一带一路"旅游业的发展指明了方向。论坛上，中国宣布了支持高质量共建"一带一路"的八项行动，包括构建"一带一路"立体互联互通网络、支持建设开放型世界经济、开展务实合作、促进绿色发展、推动科技创新、支持民间交往、建设廉洁之路、完善"一带一路"国际合作机制。其中，在"支持民间交往"一项中提到，在已经成立丝绸之路国际剧院、艺术节、博物馆、美术馆、图书馆联盟的基础上，成立丝绸之路旅游城市联盟。可见，作为"一带一路"高质量发展的重要领域之一，旅游业在促进"一带一路"繁荣发展中的重要性愈发凸显，"一带一路"旅游即将迎来新的发展机遇。

因此，本书筛选出十余年来"一带一路"发展背景下不同国家或地区的旅游经典案例，并基于空间要素和行业要素分为两大部分，从案例概况、发展核心、经验总结等多角度来综合评述，旨在为深入了解该倡议对旅游产业的影响提供重要线索，为旅游行业提供相关参考和借鉴价值。

在本书编写中，邹统钎任主编，王春云任副主编，由邹统钎拟定大纲，统一组织编写，王春云负责统稿与文字编辑。具体分工如下：第一篇由张丽荣（北京第二外国语学院）编写，第二篇第二章至第四章由孙玮（呼伦贝尔学院）编写，第五章至第六章由赵春雨（呼伦贝尔学院）编写，第三篇由王春云（长春大学旅游学院）编写。同时，本书得到由邹统钎教授主持的北京第二外国语学院"专业学位案例研究和建设"项目的资助和北京市社会科学基金决策咨询项目"推进大运河、长城、西山永定河三条文化带建设研究"项目的资助。

编　者
2024 年夏

# 目 录

## 第一篇 "一带一路"旅游总论

### 第一章 "一带一路"旅游发展概述····································003
#### 第一节 "一带一路"倡议与旅游枢纽建设·····················004
#### 第二节 "一带一路"旅游业发展现状·····························006

## 第二篇 基于空间要素的"一带一路"旅游经典案例

### 第二章 中亚地区"一带一路"文化旅游经典案例··············013
#### 第一节 中国—中亚五国旅游合作项目·····························014
#### 第二节 中国—中亚五国旅游合作项目经验与启示···········018

### 第三章 东南亚地区"一带一路"文化旅游经典案例··········023
#### 第一节 中老铁路·································································024
#### 第二节 老挝磨丁经济特区全域旅游项目·························031
#### 第三节 七星海（柬埔寨滨海旅游度假特区）·················035

### 第四章 南亚地区"一带一路"文化旅游经典案例··············041
#### 第一节 文化遗产保护示范案例——孟加拉国纳提什瓦考古
遗址公园·································································042
#### 第二节 孟加拉国纳提什瓦考古遗址公园案例经验与启示·····045

## 第五章 非洲地区"一带一路"旅游经典案例····································047
### 第一节 "中津合力"助推旅游基础设施建设——
维多利亚瀑布城机场改扩建项目·····································048
### 第二节 共谋绿色发展——肯尼亚生态文化艺术工程项目················052
### 第三节 智力输出促发展——乌干达旅游产业人才培养项目············054

## 第六章 中东欧国家"一带一路"旅游经典案例······························059
### 第一节 文化交流促发展的代表——塞尔维亚································060
### 第二节 索非亚中国文化中心····················································063

# 第三篇 基于行业要素的"一带一路"旅游经典案例

## 第七章 旅游服务业——以携程网为例·············································069
### 第一节 携程网的"一带一路"构思············································070
### 第二节 实现互利共赢措施,促进长期合作发展·······························076

## 第八章 交通运输业——以亚洲航空公司(AirAsia)为例····················081
### 第一节 亚洲航空公司概况·······················································082
### 第二节 亚洲航空公司与"一带一路"的联动································085

## 第九章 文化与创意产业——以乐高集团(Lego Group)为例···············087
### 第一节 乐高集团公司概况·······················································088
### 第二节 市场合作的现状与前景··················································092

## 第十章 旅游酒店业·································································097
### 第一节 中国—肯尼亚内罗毕雅阁大酒店旅游合作案例·····················098
### 第二节 中国—南非开普敦四季酒店旅游合作案例··························107
### 第三节 中国—希腊圣托里尼卡尔刻拉度假村
(Caldera Premium Villas)旅游合作案例·····························117

## 第十一章　文化艺术交流——丝绸之路国际艺术节
　　　　　　（Silk Road International Arts Festival）……………127
　第一节　丝绸之路国际艺术节概况………………………………128
　第二节　丝绸之路国际艺术节发展历程及主要内容……………129
　第三节　案例总结与启示…………………………………………134

## 第十二章　中国和乌兹别克斯坦合办"丝绸之路"国际旅游和
　　　　　　文化遗产大学……………………………………………139
　第一节　丝路大学发展概况………………………………………140
　第二节　丝路大学成果展示………………………………………144

## 第十三章　马尔代夫马累独立广场旅游合作……………………147
　第一节　马累独立广场旅游合作概况……………………………148
　第二节　马累独立广场面临的其他挑战和成果启示……………152

## 第十四章　"一带一路"倡议与健康旅游业……………………157
　第一节　中国中医药健康旅游发展………………………………158
　第二节　土耳其健康旅游发展……………………………………161

# 第一篇

## "一带一路"旅游总论

第一章　"一带一路"旅游发展概述

## 第一节 "一带一路"倡议与旅游枢纽建设

### 一、"一带一路"倡议的缘起与目标

2013 年，习近平主席在中亚与东南亚国家出访期间，正式提出共建"一带一路"倡议（The Belt and Road Initiative）。"一带一路"倡议涵盖了两个重要方面："丝绸之路经济带"（The Silk Road Economic Belt）和"21 世纪海上丝绸之路"（The 21st-Century Maritime Silk Road）。其中，丝绸之路经济带作为一条陆路经济走廊，连接了中国内陆省份、东南亚、中亚、西亚、俄罗斯和欧洲；而 21 世纪海上丝绸之路则通过海洋连接了亚洲、非洲和欧洲部分国家。"一带一路"倡议的提出源于习近平总书记对国际和地区形势以及中国自身发展所面临的新形势和新任务的深刻认识，旨在坚定维护世界自由贸易体系与全球开放型经济体系，打造开放、包容、普惠、平衡、共赢的新型全球化命运共同体。它以共商、共建、共享为根本原则，以和平合作、开放包容、互学互鉴、互利共赢的丝路精神为核心，具有全新的时代特征和现实意义。

### 二、旅游中的枢纽建设

枢纽意指区域网络的中心节点，起着连接相邻区间或地域的重要作用[1]，是集聚效应和规模经济的催化剂[2]。交通枢纽作为旅游枢纽的雏形，是不同交通方式与交通线路间交会、转换与衔接之处，肩负着聚集扩散、中转换乘与直通等主要功能[3]。而旅游枢纽又有狭义和广义之分，狭义的旅游枢纽指某一定区域

---

[1] O'Kelly M E, Miller H J. The hub network design problem: a review and synthesis[J]. Journal of Transport Geography, 1994, 2(1): 31-40.
[2] O'Kelly M E. A geographer's analysis of hub-and-spoke network[J]. Journal of Transport Geography, 1998, 6(3): 171-186.
[3] 段智. 城市客运综合交通枢纽交通功能评价和方法研究[D]. 北京：北京交通大学，2007.

空间的集散中心，主要以游客汇集和换乘为主；广义的旅游枢纽往往指一个城市，如新加坡市、上海、迪拜、北京[①]。在共建"一带一路"国家中，中国、土耳其、阿联酋、马来西亚、新加坡等国都扮演着重要的枢纽角色。从促进区域经济发展角度来看，交通作为典型的枢纽行业对旅游发展的空间溢出效应明显[②]，而航空枢纽的建设在国际旅游中又发挥着主导作用。因此，在"一带一路"区域投资打造产业枢纽和地理枢纽，对于构建旅游企业全球产业链、价值链、创新链体系具有重要战略意义。

### 三、旅游在"一带一路"中的重要作用

**1. 加强政治互信，凝聚国际共识**

首先，旅游是加强"一带一路"共建国家政治互信、凝聚国际共识的纽带和桥梁，为参与倡议的国家提供了一个平台，促进了彼此间的合作和协作。其次，旅游外交是加强各国对外关系的有力工具。通过不同国家和区域旅游交流，各国能够更好地理解其他国家的发展道路和政策，加强国际共识。当来自不同国家的人们旅行时，他们得以亲身体验彼此的文化、价值观和生活方式。例如，中国在丝绸之路沿线的旅游推广活动增强了中国与中亚国家的关系，为外交合作奠定了基础。

**2. 推动经济发展，深化经贸合作**

"一带一路"旅游，其作用和价值不仅局限在政治层面，还体现在经济领域，它对经济领域产生了积极的影响。通过开展旅游合作项目，旅游资源得以在国际范围内共享，有助于减少地区内的贫困与不平等现象，提升各国民生水平。一方面，旅游通过创造就业机会、支持当地企业并为东道国产生收入来刺激经济增长，起到了缩小全球贫富差距的重要作用。另一方面，旅游作为先导性产业，产业合作本身所带来的要素转移，包括带动投资与引进技术，能够使旅游经济对比格局发展变化，同时还能带动相关产业合作。

---

① 任亚青. 国际城市旅游枢纽功能评价体系研究 [D]. 北京：北京第二外国语学院，2014.
② 雷振仙，王坤，赵松欣."一带一路"共建国家交通基础设施对入境旅游的空间效应研究——基于多重距离权重的考察 [J/OL]. 干旱区地理，[2023-11-30] http://kns.cnki.net/kcms/detail/65.1103.X.20230519.1659.002.html.

**3. 促进文化交流，巩固民意基础**

旅游作为文化交流的媒介，有助于巩固对"一带一路"倡议的公众支持，是推进民心相通的催化剂和润滑剂。在旅游的推动下，空中、地面和海上交通网络更加发达，为"一带一路"共建国家普通民众提供了多层次、多选择的交通方式，便利了彼此之间的往来。旅游通过允许人们沉浸在不同的文化、传统和历史中，促进了文化交流。旅游者因此对"一带一路"地区文化多样性有更深入的了解和欣赏，增强了跨国文化意识，对构建持久和平、稳定的国际环境起到了积极的作用。

## 第二节 "一带一路"旅游业发展现状

### 一、旅游设施不断完善

旅游基础设施互联互通是推进"一带一路"旅游发展的重要载体。基建类型上，交通基础设施仍然是各国合作的重要领域，以公路、铁路、海路（港口）、空路（航运）建设为重点。随着"一带一路"旅游基础设施联通不断深化，"六廊六路多国多港"的互联互通架构基本形成，传统丝绸之路与现代铁路网络不断重叠，激发了"一带一路"的更大发展潜力、更强发展动力。公路方面，中马友谊大桥、塞尔维亚 E763 高速公路、中俄黑河—布拉戈维申斯克黑龙江（阿穆尔河）大桥及中巴经济走廊最大交通基础设施项目——巴基斯坦白沙瓦—卡拉奇高速公路苏库尔至木尔坦段（"苏木段"高速公路）等重点工程移交通车。铁路方面，以中老铁路、匈塞铁路、雅万高铁、内马铁路、中泰铁路等合作项目为重点的区际、洲际铁路网络建设取得重大进展。中老铁路作为首条与中国铁路网直接连通的跨国铁路，北起中国云南昆明，南至老挝首都万象，截至 2023 年 8 月，全线累计发送旅客超 2000 万人次[①]。中老铁路与中欧班列实现联线贯通，进一步放大辐射带动效应，促进了贸易和人员往来。此外，

---

① 方经纶，符皓. 中老铁路开通一年多，"跑"出多少变化？[EB/OL]. 人民网，(2023-09-07) [2023-10-11]. http://www.people.com.cn/n1/2023/0907/c32306-40072680.html.

中巴经济走廊中的巴基斯坦铁路改造与扩建项目也为两国之间的物流运输和旅游业提供了便利条件。

港口方面，希腊比雷埃夫斯港、以色列海法新港、斯里兰卡汉班托塔港、吉布提港等项目进展顺利。其中，汉班托塔港口已成为连接亚洲、非洲和中东等地区的重要的国际转运枢纽，比雷埃夫斯港也已成为中欧班列的重要节点和地中海地区的物流中心，港口的建设有力促进了国际邮轮旅游的发展。航空方面，"一带一路"国际航空运输市场布局持续优化，沿线各国加快推进机场改扩建项目，增加来往各国的航班频次与数量，"一带一路"航空联系愈发紧密。截至2021年，中国已与100余个"一带一路"共建国家签署政府间航空运输协议，与53个"一带一路"共建国家实现通航，且通航航班量占航班总量的65.9%[1]。此外，乌兹别克斯坦国家旅游发展委员会与中国的航空公司合作，开辟从中国北京、乌鲁木齐、西安和成都直飞乌兹别克斯坦首都塔什干的国际航线，对深化两国旅游合作产生了深远影响；西安也相继开通至乌兹别克斯坦首都塔什干、吉尔吉斯斯坦首都比什凯克、哈萨克斯坦首都阿斯塔纳等地的客运航线，中国与中亚国家的人文交流和旅游合作更加便捷。旅游基础设施"硬联通"的实现，为"一带一路"共建国家间的旅游要素高效流通提供了有力支撑。

## 二、旅游规模日渐扩大

"一带一路"旅游资源富集，拥有众多的世界文化遗产和自然景观，"一带一路"倡议的实施为共建国家的旅游业带来了巨大的发展机遇，"一带一路"旅游市场愈发繁荣。

截至2023年6月，中国已同152个国家和32个国际组织签署200余份"一带一路"合作文件和众多的旅游合作协议[2]，共建各国的免签、落地签、开通直通航线等便利化政策加快了国际旅游客流的高效流通。2013年至2019年，"一带一路"共建国家的国际旅游规模呈持续扩大态势，年旅游收入快速增长。

---

[1] 赵超. 民航局：我国与53个"一带一路"共建国家保持通航 [EB/OL]. (2021-09-07) [2023-10-11]. http://finance.people.com.cn/n1/2021/0907/c1004-32219829.html.
[2] 严赋憬，陈炜伟.《我国已与152个国家、32个国际组织签署共建"一带一路"合作文件》[EB/OL]. (2023-08-25) [2023-10-12]. http://mrdx.cn/content/20230825/Articel04007NU.htm.

如表 1-1 所示，参与"一带一路"共建的 65 个国家中，近 50 个国家 2013—2019 年度入境旅游收入呈正向增长，缅甸、蒙古国、沙特阿拉伯等近 20 个国家入境旅游收入年均增长率在 10% 以上，其中孟加拉国与阿联酋旅游热度直线上升，入境旅游收入年均增长率分别为 19.99% 和 20.76%。2019 年，中国与"一带一路"共建国家双向旅游规模超过 6000 万美元。

表 1–1　"一带一路"共建国家出入境旅游及增长率（单位：百万美元）

|  | 入境旅游收入 | | | 出境旅游支出 | | |
| --- | --- | --- | --- | --- | --- | --- |
|  | 2013 年 | 2019 年 | 平均增长率 | 2013 年 | 2019 年 | 平均增长率 |
| 阿联酋 | 12 389 | 38 413.3 | 20.76% | 16 188 | 18 382 | 2.14% |
| 卡塔尔 | 8452 | 15 647 | 10.81% | 11 729 | 12 528 | 1.10% |
| 科威特 | 619 | 1198 | 11.63% | 10 567 | 15 839 | 6.98% |
| 巴林 | 1875 | 3860 | 12.79% | 1001 | 2637 | 17.52% |
| 塞浦路斯 | 2930 | 3245 | 1.72% | 1254 | 1596 | 4.10% |
| 不丹 | 116 | 120 | 0.57% | 67 | 67 | 0.00% |
| 印度尼西亚 | 10 302 | 18 405 | 10.15% | 10 280 | 14 449 | 5.84% |
| 印度 | 19 042 | 31 661 | 8.84% | 13 884 | 28 595 | 12.80% |
| 埃及 | 6747 | 14 256 | 13.28% | 3261 | 3718 | 2.21% |
| 孟加拉国 | 131 | 391 | 19.99% | 1308 | 1389 | 1.01% |
| 尼泊尔 | 460 | 801 | 9.68% | 598 | 713 | 2.97% |
| 巴基斯坦 | 938 | 992 | 0.94% | 1638 | 2998 | 10.60% |
| 希腊 | 17 433 | 23 003 | 4.73% | 3768 | 4211 | 1.87% |
| 哈萨克斯坦 | 2365 | 2922 | 3.59% | 3772 | 2955 | -3.99% |
| 塔吉克斯坦 | 233.3 | 179.1 | -4.31% | 42.5 | 28.4 | -6.50% |
| 吉尔吉斯斯坦 | 585 | 708 | 3.23% | 505 | 519 | 0.46% |
| 乌兹别克斯坦 | — | — | — | — | — | — |
| 土库曼斯坦 | — | — | — | — | — | — |
| 俄罗斯 | 20 198 | 17 235 | -2.61% | 59 504 | 40 611 | -6.17% |
| 乌克兰 | 5931 | 2595 | -12.87% | 6300 | 8907 | 5.94% |
| 白俄罗斯 | 1156 | 1290 | 1.84% | 1333 | 1224.5 | -1.41% |
| 格鲁吉亚 | 1916 | 3551 | 10.83% | 537 | 1124 | 13.10% |
| 阿塞拜疆 | 2618 | 2004.1 | -4.36% | 3032 | 1839 | -8.00% |
| 亚美尼亚 | 905 | 1553 | 9.42% | 1007 | 1543 | 7.37% |
| 摩尔多瓦 | 324 | 527 | 8.45% | 428 | 479 | 1.89% |
| 波兰 | 12 242 | 15 712 | 4.25% | 8916 | 10 161 | 2.20% |
| 立陶宛 | 1374 | — | — | 1069 | — | — |
| 爱沙尼亚 | 2022 | 2310 | 2.24% | 1236 | 1808 | 6.54% |
| 拉脱维亚 | 865 | — | — | 715 | — | — |

续表

| | 入境旅游收入 | | | 出境旅游支出 | | |
|---|---|---|---|---|---|---|
| | 2013 年 | 2019 年 | 平均增长率 | 2013 年 | 2019 年 | 平均增长率 |
| 蒙古国 | 236 | 605 | 16.99% | 643 | 1036 | 8.27% |
| 文莱 | 96 | — | — | 624 | — | — |
| 斯里兰卡 | 2506 | 4663 | 10.90% | 1808 | 2436 | 5.09% |
| 新加坡 | 19 231 | — | | 24 407 | | |
| 柬埔寨 | 2895 | 5312 | 10.65% | 469 | 1162 | 16.32% |
| 泰国 | 41 765 | 64 371 | 7.48% | 8238 | 14 969 | 10.47% |
| 缅甸 | 964 | 2501 | 17.22% | 131 | 214 | 8.52% |
| 老挝 | 613 | 974 | 8.02% | 907 | 1029 | 2.13% |
| 菲律宾 | 5599 | 11 455 | 12.67% | 8400 | 12 926 | 7.45% |
| 越南 | 7250 | 11 830 | 8.50% | 2050 | 6460 | 21.08% |
| 阿富汗 | 179 | 85 | -11.67% | 138 | 168 | 3.33% |
| 马尔代夫 | 2422 | 3171 | 4.59% | 252 | 431 | 9.36% |
| 马来西亚 | 23 283 | 22 200 | -0.79% | 13 377 | 13 694 | 0.39% |
| 伊朗 | 3306 | — | | 9464 | | |
| 伊拉克 | 1682 | 3593 | 13.49% | 4835 | 10 925 | 14.55% |
| 土耳其 | 37 984 | 41 415 | 1.45% | 5017 | 5354 | 1.09% |
| 叙利亚 | — | | | | | |
| 约旦 | 5145 | 6765 | 4.67% | 1206 | 1569 | 4.48% |
| 黎巴嫩 | 7032 | 8717 | 3.64% | 4692 | 6495 | 5.57% |
| 以色列 | 6600 | 8459 | 4.22% | 5757 | 10 389 | 10.34% |
| 沙特阿拉伯 | 8690 | 19 849 | 14.76% | 18 648 | 16 415 | -2.10% |
| 也门 | 1097 | — | | 161 | — | |
| 阿曼 | 1888 | 3077 | 8.48% | 1824 | 3406 | 10.97% |
| 巴勒斯坦 | — | | | | | |
| 捷克 | 7792 | 7967 | 0.37% | 4698 | 6034 | 4.26% |
| 斯洛伐克 | 2702 | 3350 | 3.65% | 2523 | 2811 | 1.82% |
| 匈牙利 | 6671 | 10 225 | 7.38% | 2526 | 3352 | 4.83% |
| 斯洛文尼亚 | 2966 | 3353.1 | 2.07% | 1559 | 1771.7 | 2.15% |
| 克罗地亚 | 9715 | 11 974 | 3.55% | 923 | 1811 | 11.89% |
| 波黑 | 752 | 1225 | 8.47% | 198 | 393 | 12.10% |
| 黑山 | 929 | 1276 | 5.43% | 81 | 72 | -1.94% |
| 塞尔维亚 | 1221 | 2000 | 8.57% | 1290 | 2000 | 7.58% |
| 阿尔巴尼亚 | 1670 | 2458 | 6.65% | 1567 | 1852 | 2.82% |
| 罗马尼亚 | 2307 | 4240 | 10.68% | 2125 | 7172 | 22.47% |
| 保加利亚 | 4410 | 4832 | 1.53% | 1342 | 2196 | 8.55% |
| 北马其顿 | 270 | 401 | 6.81% | 168 | 302 | 10.27% |

资料来源：根据中国经济信息网"一带一路"统计数据库数据整理（"—"表示数据空缺）

### 三、旅游投资日益多元

旅游业作为一种经济活动，涉及从房地产基础设施到个性化服务的几个分部门，随着"一带一路"倡议的推进，各国在旅游领域的投资日益增加，涵盖了旅游基础设施、旅游产品开发和旅游服务等各个层面。新型区域性投融资机构，如亚洲基础设施投资银行（亚投行）、丝路基金、金砖国家新开发银行等国际融资和金融服务平台，也为"一带一路"旅游投融资提供了资金基础。除了传统的旅游业，如景区、酒店和旅行社、餐馆等，旅行科技板块在全球旅游投资方面展示出强大的行业韧性，在2018—2022年实现了从10%到28%的连续增长[①]，这表明旅游业正在向数字化发展。同时，中国也持续加大对"一带一路"区域旅游新业态的投资。自2018年起，连续3年面向全国征集"一带一路"国际合作重点项目，涵盖了服务平台建设、数字文旅、创意设计、旅游演艺设计等方向，覆盖了"一带一路"沿线20个国家和地区[②]。

---

① 2023全球旅游业投资报告出炉：谁在投资，投向哪里？[EB/OL]. 环球旅讯.（2023-09-25）[2023-11-26]. https://www.traveldaily.cn/article/176644.

② 文化和旅游部办公厅关于公布2021年"一带一路"文化产业和旅游产业国际合作重点项目的通知[EB/OL]. 中国文化和旅游部.（2021-10-15）[2023-11-24]. https://zwgk.mct.gov.cn/zfxxgkml/cyfz/202110/t20211015-928360.html.

# 第二篇

## 基于空间要素的"一带一路"旅游经典案例

# 第二章 中亚地区『一带一路』文化旅游经典案例

自古以来，中国与中亚地区在文化交流、贸易往来、军事合作等方面都保持着密切的联系。中亚地区是"一带一路"倡议的源头，同时也是互联互通合作的关键方向。在习近平主席同中亚五国元首共同战略引领下，中国同中亚国家共同实施了一系列大项目，广泛惠及中亚地区各国人民。当前，中国与中亚地区旅游合作不断加强，在"一带一路"框架下，共同推进了诸多旅游项目。这些项目的目标在于深化中国与中亚地区间的文化交流和经济发展，进而实现共同繁荣。

例如，中国政府支持的丝绸之路旅游线路已经成为中亚地区旅游的重要品牌之一。此外，中国积极推动中亚地区旅游资源的开发，加强了对当地旅游业的投资和管理。中国与中亚地区在"一带一路"框架下的旅游合作具有广阔前景，开启了崭新的未来。

## 第一节　中国—中亚五国旅游合作项目

### 一、案例背景

随着"一带一路"倡议的深入推进，中国同中亚国家在政治、经济、文化等各领域的合作不断深化，加强旅游合作已具备良好的现实基础，并正在迎来百年未遇的发展机遇。

中亚五国是指哈萨克斯坦、吉尔吉斯斯坦、塔吉克斯坦、土库曼斯坦和乌兹别克斯坦这五个国家，它们位于亚洲中部内陆地区，东与我国相邻，南与伊朗、阿富汗接壤，北与俄罗斯相接，西边与俄罗斯、阿塞拜疆隔里海相望。这一地区是贯通亚欧大陆的交通枢纽，古代的丝绸之路也途经此地。

哈萨克斯坦是世界上最大的内陆国之一，拥有丰富的自然资源和独特的文化背景。其经济以石油、采矿、煤炭和农牧业为主。吉尔吉斯斯坦是一个山地国家，人口相对较少，以其壮丽的自然风光和独特的文化吸引着游客。塔吉克斯坦则以其壮丽的自然风光和波斯文化的影响而著名。土库曼斯坦是中亚五国中资源最为丰富的国家之一，拥有巨大的天然气储量，被誉为"中亚科威特"。

乌兹别克斯坦则以古老的城市和丰富的文化遗产而著名，是中亚五国中人口最多的国家。

中亚五国各自拥有独特的地理、文化和经济特征，在地区和国际事务中发挥着重要作用。随着全球化的推进和区域合作的加强，中亚五国之间的交流和合作也在不断加深，为地区的和平、稳定与发展注入了新的活力。

## 二、案例概况

### （一）中国与中亚五国旅游合作成果

#### 1. 打造中国—中亚五国旅游"黄金走廊"

中国—中亚五国旅游"黄金走廊"是一条集自然风光、历史文化、民俗风情于一体的旅游线路，它将中国与中亚五国——哈萨克斯坦、吉尔吉斯斯坦、塔吉克斯坦、乌兹别克斯坦和土库曼斯坦紧密地联系在一起。这条旅游走廊以独特的地理优势和丰富的旅游资源，吸引了越来越多的游客前来探索。

首先，这条旅游走廊地理位置优越，交通便利，为游客提供了便捷的出行条件。无论是陆地交通还是空中交通，游客都可以轻松到达这些国家，并方便地游览各个景点。

其次，中亚五国各自拥有独特的自然风光和旅游资源。哈萨克斯坦的草原和湖泊、吉尔吉斯斯坦的天山和伊塞克湖、塔吉克斯坦的高山和峡谷、乌兹别克斯坦的绿洲和古城、土库曼斯坦的沙漠和天然气坑等，都是游客们向往的旅游胜地。这些景点不仅具有极高的观赏价值，还为游客提供了丰富多样的旅游体验。

再次，中亚五国承载着丰富的历史文化和民俗风情。哈萨克斯坦的中央国家博物馆、乌兹别克斯坦的希瓦古城和布哈拉古城、塔吉克斯坦的历史遗迹等，都是历史的见证，让游客能够领略到中亚地区深厚的文化底蕴。同时，这些国家还有各具特色的民俗表演、手工艺品和美食，让游客在欣赏风景的同时，也能深入了解当地的文化和生活方式。

最后，中国—中亚五国旅游"黄金走廊"的建设促进了地区间的旅游合作和交流。各国在旅游政策、产品开发、市场推广等方面加强合作，共同打造了一条具有吸引力的旅游线路。这不仅为游客提供了更多选择和便利，也为地区经济发展注入了新的动力。

中国—中亚五国旅游"黄金走廊"是一条充满魅力和机遇的旅游线路，它将中国的旅游资源与中亚五国的旅游资源紧密地联系在一起，为游客提供了丰富多样的旅游体验。随着地区旅游合作的不断深化，这条旅游走廊会吸引更多游客前来探索，成为连接中国与中亚五国的重要纽带。

**2. 签证便利化程度大幅提高**

哈萨克斯坦为了进一步促进中哈两国之间的友好交流与合作，对中国公民实施了特别友好的免签政策。中国公民前往哈萨克斯坦旅游，无须提前办理烦琐的签证手续，只需携带有效的身份证件和护照，并购买相应的车票，即可轻松启程。这一政策不仅简化了中国公民前往哈萨克斯坦的旅行流程，还大大提升了旅行的便利性，为两国人民之间的交流与互动创造了更多机会。

乌兹别克斯坦也对中国公民实施了免签政策，只不过它的免签时长略有不同。中国公民在前往乌兹别克斯坦时，可以享受长达10个工作日的免签待遇。这意味着，只要持有有效的护照和相关证明文件，中国公民就可以在乌兹别克斯坦自由旅行，无须担心签证问题，充分感受这个国家的独特魅力。

吉尔吉斯斯坦和塔吉克斯坦对中国公民实行了电子签证政策。只需在线填写相关信息并提交申请，就可以在短时间内获得电子签证，从而轻松开启旅程。

中亚国家对中国公民实行的免签和电子签证政策，极大地提高了签证便利化程度，为中国公民前往这些国家旅游提供了更多便利。这些政策的实施不仅有助于推动中亚地区的旅游业发展，也将进一步促进中国与这些国家之间的友好交流与合作。

**3. 空中路网密度增大**

早在1989年，中国就开通了至哈萨克斯坦的第一条国际航线，这标志着中国至中亚地区首次实现定期直航。此后，随着双方关系的不断发展和深化，航线网络逐步扩大和完善。近年来，中国南方航空等航空公司积极开拓中亚市场，开通了多条连接中国与中亚国家的航线，如西安至中亚五国首都以及哈萨克斯坦最大城市阿拉木图的航线等。目前，中国与中亚地区的航线网络已经相当完善，覆盖了中亚五国的主要城市和首都。这些航线不仅连接了中国的多个主要城市，如西安、乌鲁木齐等，还与中亚地区的各大城市形成了紧密的空中联系。

（1）航班频率与机型

中国与中亚航线的航班频率根据市场需求和季节变化而有所调整。一些热门航线，如西安至阿拉木图等，航班频率相对较高，每周有多个往返航班。执飞这些航线的机型多为中大型客机，如波音737、空客A320等，能够满足不同旅客的出行需求。

（2）意义与影响

中国与中亚航线的开通和发展，极大地促进了双方之间的经济、文化交流和人员往来。通过便捷的空中通道，双方可以更加紧密地合作，共同推动地区经济的发展和繁荣。此外，这些航线也为旅客提供了更加多样化和便捷的出行选择，促进了旅游业的繁荣和发展。

## （二）中国—中亚峰会在西安成功举办

2023年5月18日至19日，我国与中亚五国在西安圆满举办了中国—中亚峰会。峰会上，各方全面回顾了中国同中亚五国的友好交往历史，总结了各领域的互利合作经验，并对未来合作方向进行了展望。峰会期间，中国同中亚五国达成了七份双多边文件，其中包含《中国—中亚峰会西安宣言》及《中国—中亚峰会成果清单》等重要文件，并签署了超过百份涉及多个领域的合作协议。特别值得关注的是，《中国—中亚峰会西安宣言》（以下简称《西安宣言》）明确指出："各方高度评价共建'一带一路'倡议对引领国际合作的重要意义，将以共建'一带一路'倡议提出十周年为新起点，加强'一带一路'倡议同哈萨克斯坦'光明之路'新经济政策、吉尔吉斯斯坦'2026年前国家发展纲要'、塔吉克斯坦'2030年前国家发展战略'、土库曼斯坦'复兴丝绸之路'战略、'新乌兹别克斯坦'2022—2026年发展战略等中亚五国倡议和发展战略对接，深化各领域务实合作，形成深度互补、高度共赢的合作新格局。""各方愿继续巩固教育、科学、文化、旅游、考古、档案、体育、媒体、智库等人文合作，推动地方省州（市）交流，促进更多地方结好，丰富青年交流形式，开展联合考古、文化遗产保护修复、博物馆交流、流失文物追索返还等合作。"①

## 第二节　中国—中亚五国旅游合作项目经验与启示

中国—中亚五国旅游合作项目的经验与启示是一个多层次、多维度的议题。中亚五国与中国在地理上相邻，文化上相互交融，为旅游合作提供了得天独厚的条件。

### 一、案例经验

#### （一）政策层面的推动

近年来，双方政府高度重视旅游合作，积极推动旅游业的发展，并通过签署合作协议、建立合作机制等多种方式，为旅游合作提供了有力的政策保障。在合作协议方面，双方政府已经签署了多项旅游合作协议，明确了双方合作的目标、原则、内容和措施。在合作机制方面，双方政府也建立了多种旅游合作机制，包括旅游合作论坛、旅游合作委员会等。这些机制为双方政府和企业提供了交流和沟通的平台，促进了信息共享、资源互补和经验交流。通过这些机制，双方可以共同探讨旅游业的发展趋势、研究市场需求、分享成功经验，从而推动旅游业的持续健康发展。此外，双方政府还注重加强旅游合作的基础建设。他们积极推动旅游交通、旅游设施、旅游服务等方面的建设，提高旅游业的整体水平和竞争力。例如，加强旅游交通建设，提升旅游交通的便捷性和舒适性；加强旅游设施建设，提高旅游景区的接待能力和服务质量；加强旅游服务培训，提升旅游从业人员的专业素养和服务水平。在统计数据方面，双方旅游合作取得了显著的成果。根据近年来的数据，双方旅游人数和旅游收入均呈

---

① 中国—中亚峰会西安宣言 [N]. 光明日报，2023-05-20(02).

现出稳步增长的态势。越来越多的游客选择前往对方国家旅游，感受不同的文化和风景。这种趋势不仅有助于促进双方的经济增长，也加深了人民之间的了解和友谊。

### （二）旅游资源的互补性

中亚五国，这片广袤的土地上蕴藏着丰富的自然风光和人文景观。从哈萨克斯坦的草原和沙漠，到吉尔吉斯斯坦的雪山和湖泊，再到塔吉克斯坦的峡谷和冰川，每一处都充满了神秘和魅力。这些国家还拥有独特的民族文化、历史遗迹和传统节日，吸引了世界各地的游客前来探寻。与此同时，中国作为世界上最大的旅游市场之一，其旅游资源和市场潜力同样不容小觑。中国的山川湖海、名胜古迹、民俗风情等丰富多彩，为国内外游客提供了丰富的旅游体验。近年来，随着中国经济的发展和人民生活水平的提高，越来越多的人开始关注旅游，愿意投入更多的时间和金钱去体验不同的文化和风景。

在这样的背景下，中亚五国与中国的旅游合作显得尤为重要。双方的合作可以实现资源共享、互利共赢。中亚五国可以借助中国的旅游市场优势，吸引更多的中国游客前去游览，进一步推动当地旅游业的发展。同时，中国也可以借助中亚五国的自然风光和人文景观，丰富自己的旅游产品，满足游客的多样化需求。

### （三）旅游市场的开放与互动

近年来，中国与中亚五国在旅游领域的合作日益紧密，双方积极推动旅游市场的开放，加强旅游产品的宣传和推广，为游客提供了更多元化、高质量的旅游体验。这些举措促进了旅游市场的繁荣发展，为双方的经济文化交流注入了新的活力。

首先，中国与中亚五国在旅游市场的开放方面取得了显著进展。双方政府积极出台相关政策，简化签证手续，降低旅游门槛，为游客提供更加便捷的出入境服务。同时，双方还加强了旅游基础设施建设、旅游服务提升等方面的合作，为游客提供了更加舒适、安全的旅游环境。其次，在旅游产品的宣传和推广方面，中国与中亚五国也取得了显著成果。双方通过举办旅游推介会、旅游文化节等活动，向游客展示了各自独特的自然风光、历史文化和民俗风情。此外，双方还充分利用互联网、社交媒体等新媒体平台，开展线上旅游宣传，吸引了更多年轻游客。

旅游市场的开放和旅游产品的宣传推广不仅为双方游客提供了更多的旅游选择，也为双方的经济发展带来了新的机遇。随着旅游人数的不断增加，旅游消费也呈现出快速增长的态势，为双方的经济增长注入了新的动力。同时，旅游业的繁荣也带动了相关产业的发展，如酒店、餐饮、交通等，为双方的经济社会发展提供了有力支撑。

## 二、中国—中亚五国旅游合作项目带来的启示

### （一）加强区域旅游合作的重要性

在全球化和区域一体化的深入发展背景下，加强区域旅游合作已经成为推动旅游业发展的不可或缺的重要途径。随着国际交流的日益频繁和人们旅游需求的日益增长，区域旅游合作不仅能够促进旅游资源的共享和优化配置，还能够推动区域经济的共同发展和繁荣。

（1）加强政策沟通是区域旅游合作的重要基础。各区域国家应该通过对话协商，建立有效的政策沟通机制，共同制定旅游业发展政策，推动旅游业发展的规范化和有序化。通过政策沟通，可以消除旅游发展中的政策壁垒，提高旅游资源的利用效率，促进旅游市场的健康发展。

（2）资源共享是区域旅游合作的核心内容。各区域国家应该根据自身的旅游资源优势，开展资源共享和互补，形成旅游资源的合力效应。例如，可以共同开发旅游线路，打造具有区域特色的旅游品牌，吸引更多的游客前来旅游。同时，还可以加强旅游信息的共享和交流，提高旅游服务的水平和质量，为游客提供更加便捷、舒适的旅游体验。

（3）市场联动是区域旅游合作的重要手段。各区域国家应该加强旅游市场的联动，共同推广旅游产品和服务，扩大旅游市场的规模和影响力。可以通过举办旅游推广活动、加强旅游宣传推广等方式，提高旅游产品的知名度和美誉度。同时，还可以加强旅游市场的监管和合作，打击旅游市场中的不法行为，维护旅游市场的公平和秩序。

## （二）注重文化交流和民间交往

中国与中亚五国之间的旅游合作，无疑是经济合作领域中一颗璀璨的明珠，同时也是文化交流和民间交往的重要桥梁。这种合作不仅有助于推动双方经济的共同发展，更在深层次上促进了不同文化之间的相互理解和尊重，进一步加深了人民之间的友谊和互信。

旅游合作在文化交流方面发挥了重要作用。通过旅游，人们可以亲身体验不同国家的风土人情，了解彼此的历史文化。中亚五国拥有丰富的历史遗产和独特的民俗文化，吸引了众多中国游客的目光；同样，中国的悠久历史和灿烂文化也深深吸引着中亚五国的游客。这种文化交流不仅有助于增进双方人民之间的了解和友谊，还为双方的文化产业发展提供了新的机遇。

同时，旅游合作也是民间交往的重要渠道。在旅游过程中，人们可以结识来自不同国家的朋友，分享彼此的生活经验和故事。这种民间交往有助于打破隔阂，增进互信，为双方在政治、经济、文化等领域的合作奠定坚实的基础。

## （三）注重加强旅游从业人员的培训和教育

旅游从业人员的素质和服务水平在旅游业的发展中起到了至关重要的作用，它们直接影响着旅游业的形象和声誉。在当今竞争激烈的旅游市场中，旅游从业人员的专业素质和服务水平成为提升旅游业竞争力的关键因素。

旅游从业人员是旅游业的重要组成部分，他们不仅是旅游服务的提供者，更是旅游文化的传播者和旅游形象的代表。他们的言谈举止、服务态度、专业知识都会给游客留下深刻的印象，直接影响着游客对旅游目的地的评价和满意度。因此，加强旅游从业人员的培训和教育，提高他们的专业素质和服务水平，对于提升旅游业的形象和声誉至关重要。

在实际操作中，可以通过多种方式来加强旅游从业人员的培训和教育。例如，可以组织定期的培训班和研讨会，邀请行业专家和学者进行授课和经验分享；还可以开展实践性的培训活动，如模拟服务场景、角色扮演等，让旅游从业人员在实际操作中不断提高自己的服务水平和应变能力。此外，加强旅游从业人员的考核和激励机制也是提升旅游业竞争力的重要手段。通过建立健全的考核体系，对旅游从业人员的专业素质和服务水平进行定期评估和反馈，可以激发他们的学习热情和进取心。同时，还可以通过设立奖励机制，对表现优秀的旅游从业人员进行表彰和奖励，激励他们更好地为游客服务。

中国—中亚五国旅游合作项目的成功经验和启示对于推动区域旅游合作、促进文化交流与民间交往、提升旅游业竞争力等都具有重要的意义。未来，双方可以继续深化旅游合作，推动旅游业的持续健康发展，为构建人类命运共同体做出更大的贡献。

# 第三章

# 东南亚地区"一带一路"文化旅游经典案例

中国与东南亚地区的交往可以追溯到古代的丝绸之路，这条历史悠久的贸易路线将中国与东南亚地区紧密地联系在一起。历史上，丝绸之路将中国的文化和文明传到了东南亚地区，如今，随着中国"一带一路"倡议的提出，中国与东南亚地区之间的文化交流也得到了进一步的发展。

中国与东南亚地区的政治关系一直保持着良好的发展势头，中国一直尊重东南亚地区各国的主权和独立，并支持其维护自身利益和安全的努力。中国是东南亚地区重要的贸易伙伴之一。随着"一带一路"倡议的深入推进，中国与东南亚地区之间的合作将更加广泛，文化交流日益深入，人民之间的友谊更加深厚。

## 第一节　中老铁路

### 一、案例背景

#### （一）"一带一路"倡议取得重大进展

志合者，不以山海为远。近年来，中方以高标准、可持续、惠民生为目标，不断提升共建"一带一路"水平，实现了各共建国家和地区的互利共赢，为世界经济发展开辟了新空间。中国中铁深度参与建设了亚吉铁路、印尼雅万高铁、匈塞铁路、孟加拉国帕德玛大桥及其铁路连接线、乌兹别克斯坦"安格连—帕普"铁路卡姆奇克隧道等"一带一路"重点工程，以实际行动诠释了构建人类命运共同体的深刻内涵。

中老铁路的建设，同上述铁路的建设一样，是"一带一路"倡议下的示范标杆项目。

2017年11月，习近平总书记到访老挝，并在访问之际发表文章，指出修建中老铁路的重要意义："我们要深化战略对接，打造互帮互助的命运共同体。中国支持老挝发挥独特区位优势，实现绿色可持续发展。中老铁路作为泛亚铁路网的重要组成部分，对老挝具有重大战略和现实意义。"

中老昆万铁路是高质量共建"一带一路"倡议的标志性工程。从宏观角度看，中老昆万铁路的建成通车，极大地提升了区域间的交通效率，促进了贸易往来，为沿线地区的经济发展注入了新的活力。从微观层面看，在中老昆万铁路的建设过程中，两国人民携手并肩，共同克服了诸多技术难题和困难挑战。中老昆万铁路不仅承载着推动区域经济发展的重要使命，更是中老两国携手共进、实现共同发展的生动写照。

### （二）中国—老挝的友好关系

中国与老挝，两国地理上紧密相连，是友好的邻邦。两国人民长期和睦相处，共同经历风风雨雨，相互支持，共同发展。自建交以来，中老双边关系始终保持平稳发展，政治互信不断增强，各领域的务实合作也持续深化。

在政治领域，中国和老挝始终保持着高度的相互信任和支持。两国高层交往频繁，不仅增进了两国间的战略互信，也为双边关系的发展提供了有力指导。中国始终坚定支持老挝维护国家主权、独立和领土完整，老挝也积极支持中国在国际事务中的立场和主张。这种相互支持的政治基础为两国关系的深入发展奠定了坚实基础。

在经济领域，中国和老挝的合作日益紧密。中国积极参与老挝的基础设施建设、资源开发、农业和制造业等领域，为老挝的经济社会发展提供了有力支持。同时，老挝也为中国企业提供了广阔的市场和丰富的资源，促进了双边贸易和投资的增长。这种互利共赢的经济合作模式为两国带来了实实在在的好处，也推动了双方经济的共同繁荣。

在文化领域，中国和老挝的交流日益频繁。两国在文化、教育、旅游等领域的合作不断加深，不仅增进了两国人民之间的了解和友谊，也为双方的文化传承和发展注入了新的活力。中国的传统文化和老挝的民族特色相互交融，共同构成了两国文化交流的丰富内涵。

此外，中国和老挝还在地区和国际事务中保持着密切的协调与合作。两国共同致力于维护地区的和平与稳定，推动地区的合作与发展。在应对全球性挑战和问题时，中国和老挝也相互支持、携手合作，共同为维护国际公平正义和促进人类进步事业做出了积极贡献。

## 二、案例概况

### （一）中老铁路简介

中老铁路（China-Laos Railway），全称为"中老国际铁路通道"，又称"中老昆万铁路"，是一条由中国投资并按照中国国铁Ⅰ级标准建设的电气化铁路。该铁路连接云南省昆明市和老挝万象市，是第一个以中方为主投资、两国共同运营并与中国铁路网直接连通的跨国铁路。中老铁路北端起点是中国的昆明南站，南端终点是老挝的万象站，途经中国的玉溪、普洱、西双版纳等州市，整条铁路的全长为1022.4千米，由昆玉段、玉磨段、磨万段三部分组成（见图3-1）。

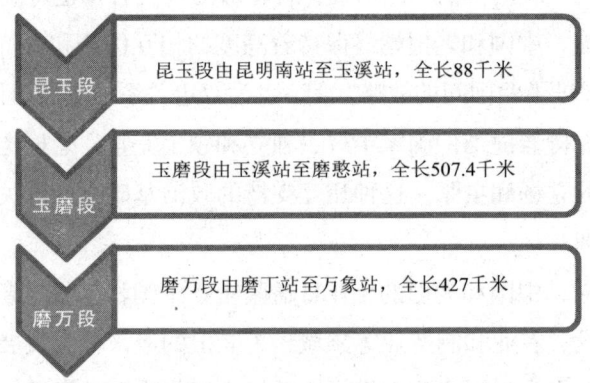

图3-1 中老铁路各段基本信息

### （二）老挝中老铁路发展现状

2010年5月21日，中老铁路昆玉段开工建设，标志着该项目正式进入实质性建设阶段，为后续的铁路建设奠定了基础。2015年11月13日，中老铁路项目签约仪式在北京举行，两国签署了政府间铁路合作协定，这标志着中老铁路正式进入实施阶段。随后，中老铁路磨万段、玉磨段全线陆续开工。2016年12月全线开工后，2017年5月28日开始打下第一个桩基，到最后一个桥墩墩身浇筑完成，历时383天。2021年12月3日，中老铁路全线通车，全长1022.4千米（见图3-2）。

沿线站点共计28个，其中国内段设16个车站，老挝段设12个车站。中老铁路的建设不仅加强了中国与老挝之间的经济联系，而且有力地推动了中国与东南亚各国的贸易交流。同时，中老铁路的建设也是中国"一带一路"倡议的关键环节和重要组成部分，对于推动中国与周边国家的互联互通具有重要意义和不可估量的价值。

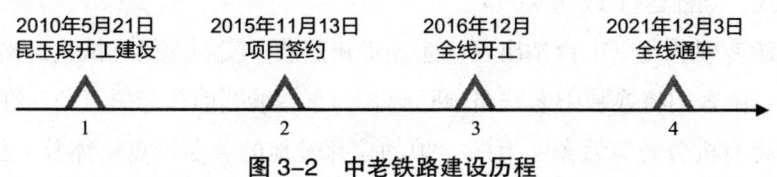

图 3-2　中老铁路建设历程

中老铁路的开通运营为两国带来了诸多便利和效益。它缩短了两国之间的旅行时间，全程运行时间只需要 9 小时 26 分，比之前的公路运输时间缩短了近一半，这使得两国之间的旅行更加便捷，促进了人员和货物的流动，进一步促进了国际贸易的发展。

据中国铁路昆明局集团有限公司发布的消息，截至 2022 年 12 月 2 日，中老昆万铁路累计运输货物 1120 万吨，其中昆玉、玉磨段运输货物 877 万吨、磨万段运输货物 243 万吨；开行跨境货物列车达到 3000 列，累计运输跨境货物超 190 万吨。截至 2023 年 10 月 3 日，中老铁路累计运输果蔬 8.35 万吨，其中进口水果 7.25 万吨、出口果蔬 1.1 万吨，货值突破 22 亿元。运输货物超过 2780 万吨，其中跨境货物 570 万吨左右，货物品类增加至 2700 多种。截至 2024 年 2 月 19 日，中老铁路开通运营以来已累计发送旅客 2889.7 万人次。这些数据充分说明了中老铁路的繁忙程度，这不仅说明我国与老挝之间的贸易十分活跃，也说明交通基础设施在货物运输方面的效率不断提高，满足了日益增长的货物运输需求。这些数字是两国之间友好交往、互利合作的见证，象征着双边经贸关系的不断发展与深化。

### （三）中老铁路开行多趟跨境旅游专列

近年来，中老铁路迎来了一波波跨境旅游的热潮。为了满足广大旅客对异国风情的好奇和向往，铁路部门精心组织，推出了多趟跨境旅游专列，为游客们提供了更为便捷、舒适的出行方式。

**1. "中老铁路—云贵鄂"旅游专列正式开行**

"中老铁路—云贵鄂"旅游专列是一趟精心策划的跨境旅游列车，旨在为中国游客提供难忘的老挝深度游体验。该专列由中国铁道旅行社集团有限公司打造，以满足京津冀地区旅客对境外游的需求，采用"旅游专列+跨境列车"的新模式，全程运行 15 天。

旅游专列从北京丰台站出发，途经贵州荔波、安顺，最终抵达云南昆明。在昆明，游客们将换乘中老铁路国际旅客列车，继续前往老挝万象。在老挝，游客们将有机会游览万象、万荣、琅勃拉邦等地的著名景点，体验老挝的风土人情和文化魅力。在旅游专列的行程中，游客们可以享受到高品质的旅行服务。列车选用空调包厢式卧铺，提供舒适的乘车环境。专列设有餐车，可同时容纳 40 余人就餐，为游客提供多样化的美食选择。此外，专列还配备了经验丰富的旅行社服务人员和专业医护人员全程陪同，确保旅途的安全与舒适。

**2. "多彩贵州号"贵阳—老挝万象旅游专列开行**

"多彩贵州号"贵阳—老挝万象旅游专列是中国铁路成都局集团开行的首趟中老两国旅游专列，其以独特的旅游线路和丰富的服务设施，为游客提供难忘的跨国旅行体验。该专列采取"专列+动车+汽车"的多元出行模式，从贵阳出发，乘坐装饰有熊猫图案的"熊猫专列"前往西双版纳，之后换乘动车继续前往老挝的万象、万荣、琅勃拉邦等地。该专列在设计上别具一格，车身印有醒目的熊猫卡通形象，并以绿色为基调，既符合熊猫的自然栖息地特征，又给人带来宁静舒适的视觉享受。"熊猫专列"拥有多种类型的车厢，包括特级软卧、高级软卧和高级硬卧等，可满足不同旅客的乘坐需求。车厢内设施完备，环境舒适，为旅客提供如家般的温馨感受。此外，列车还配备了餐车、多功能娱乐车等设施，让旅客在旅途中尽享美食与娱乐。该列车在服务方面按照星级宾馆"黄金管家"服务模式，配有专业的"熊猫管家"，负责旅游团队组织，并协助列车乘务人员提供优质服务。在行程规划上，"熊猫专列"采取"白天游玩、边走边玩"和"一线多游、一票到底"的运行模式，让旅客在轻松愉快的氛围中游览多个景点。旅途中，游客们可欣赏中老铁路沿线的壮丽风光，可以通过汽车接驳的方式游览光西瀑布、香通寺、塔銮寺等著名景点，感受老挝的自然美景和人文魅力。"多彩贵州号"旅游专列的开行，成为连接中国与老挝、展示多彩贵州风情的一张亮丽名片，不仅为游客们提供了一条便捷的跨国旅游线路，也为贵州与东南亚地区的旅游互动交流搭建了一个重要平台，有助于推动旅游业的快速发展。

此外，列车还精心制订了多种行程方案，如贵州—西双版纳—老挝跨国之旅等，为旅客提供丰富的旅游选择。

### 3. 昆明至老挝的旅游列车开行

昆明至老挝的旅游列车穿越中老两国的壮丽山川，将云南的秀美风光与老挝的异域文化完美地呈现给旅客。在列车上，旅客们可以欣赏沿途的美景，感受两国文化的交融与碰撞，体验跨境旅游的无限魅力。

昆明至老挝的旅游列车，自昆明南站始发，经过普洱、西双版纳、磨憨等站点，进入老挝境内后会经停磨丁、琅勃拉邦、万荣等地，最终抵达老挝首都万象。

列车设施完善，提供舒适的座椅和宽敞的乘坐空间，以满足旅客长途旅行的需求。同时，列车上还设有餐饮服务和娱乐设施，让旅客在旅途中能够享受到愉快的时光。在票价方面，昆明至老挝万象的跨境火车票价格合理，使得更多旅客能够承担得起跨境旅游的费用，进一步促进了中老两国的旅游合作。自中老铁路开通以来，昆明至老挝万象的跨境旅客列车运行时间不断优化。根据2024年6月的列车运行图，昆明南至万象的D87次国际旅客列车的全程运行时间从原来的10小时30分压缩至9小时26分，使得旅客能够更快捷地到达目的地。

以上旅游专列的开通运营，不仅丰富了中老两国的旅游产品线，也促进了两国之间的文化交流与旅游合作。它们为旅客们提供了更加便捷、舒适的旅行方式，同时也为两国人民带来了更多的文化交流和相互了解的机会。在未来，这些旅游列车将继续发挥着重要的作用，推动中老两国的旅游事业不断向前发展。

### 三、案例经验与启示

#### （一）中老铁路实现了国际国内路网大联运

中老铁路的开通，不仅实现了国际路网的大联运，更在国内外产生了深远的影响。对于中国而言，中老铁路的开通使得云南地区与老挝万象等地之间的交通更加便捷，加强了两地之间的经济、文化交流。不仅如此，这条铁路也成了中国和东南亚国家之间的关键纽带，为中国的"一带一路"倡议注入了满满的能量。

在国际方面，中老铁路的开通对于促进中国与东南亚国家的合作具有重要意义。这条铁路不仅加强了中国与老挝之间的联系，更将东南亚国家的交通网络紧密地连接在一起。中老铁路开通后，老挝出口至中国的木薯淀粉、薏仁米等货物，每天通过中老铁路发往云南、四川、重庆等地，中国各地生产的肥料、百货、电子产品等源源不断地发往老挝。中老铁路的开通实现了国际国内路网大联运，为国内外经济、文化交流提供了便利的交通条件，中老两国物资"双向奔赴"，为地区间的互联互通和经济发展注入了新的动力。

#### （二）中老铁路打通了区域旅游合作大动脉

中老铁路连接了中国和老挝两国，穿越了美丽的山川风光，沿途经过了许多旅游胜地，如云南的西双版纳、老挝的琅勃拉邦等地，吸引着越来越多的游客前来观光旅游。中老铁路开行多趟跨境旅游专列，方便两国游客旅游出行，游客可以更加深入地了解两个国家的文化传统和风土人情，从而促进相互间的理解和友谊。中老铁路不仅为老挝经济发展开辟了新的道路，更为中国和东南亚地区的贸易和旅游业注入了新的活力。

## 第二节　老挝磨丁经济特区全域旅游项目

### 一、案例背景

#### （一）磨丁经济特区建立的历史背景

磨丁，地处老挝琅南塔省境内，距离琅南塔省城约 50 千米，距老挝首都万象 730 千米，与中国云南省西双版纳傣族自治州的磨憨口岸紧密相连，拥有总面积达 34.3 平方千米的广阔地域。1993 年，经过中老两国的深入协商，共同决定将中国磨憨口岸与老挝磨丁口岸确立为两国的国家级陆路口岸，以进一步促进双边贸易与文化交流。此外，中、老、泰三国联手打造的昆曼国际大通道也经由磨丁口岸，该通道不仅连接了东南亚各国，更在区域经济发展中扮演着举足轻重的角色。同时，磨丁作为中国泛亚铁路进入东南亚的重要门户，以及中老铁路的起始站点，其在推动区域互联互通与经济发展方面的重要性不言而喻。

磨丁，这座拥有深厚历史底蕴的古城，自 13 世纪以来便以其繁荣的商业氛围而著称。历史上，磨丁曾是滇缅公路和滇越铁路的重要交会点，充分展现了其在战略地理位置上的重要性。然而，近几十年里，磨丁一度被人们所遗忘。

随着"一带一路"倡议的提出与推进，磨丁再次焕发出勃勃生机，展现出新的发展潜力。作为中国与东盟十国之间的关键节点城市，磨丁已逐渐成为中国与东南亚各国开展经贸合作的重要枢纽。近年来，越来越多的中国企业选择在磨丁投资兴业，其中包括华为、中兴、海尔、海信等知名大型企业。这些企业的进驻为当地创造了大量的就业机会和税收收入，有力地推动了当地的经济发展和城市化进程。同时，磨丁也凭借其独特的地理位置和丰富的历史文化资源，吸引着越来越多的国内外游客前来游览，为当地的旅游业发展注入了新的活力。

### (二)磨丁经济特区建设的国际背景

**1. 全球化趋势下的经济合作**

随着全球化进程的不断加速,各国经济日益紧密地相互关联,形成了一个高度互联的经济网络。老挝积极寻求发展机会,以经济特区的建设为契机,吸引外资,推动经济发展,增强国际竞争力。经济特区的建设不仅是老挝经济发展的重要手段,也是融入全球经济体系的关键步骤。通过吸引外资、促进相关产业的发展和加强国际合作,老挝不断提升其国际竞争力,实现经济的可持续发展。为了更好地推动经济特区的发展,老挝政府制定了一系列优惠政策和措施,旨在为企业提供一个良好的营商环境,降低其运营成本,并激发投资热情。这些优惠政策和措施包括税收优惠、土地租赁优惠等,为企业提供了实实在在的利益和便利,有利于吸引更多的投资,带动当地经济的发展。

**2. 老挝国内经济发展的需要**

老挝,作为一个东南亚国家,其国内经济发展相对滞后,面临着诸多挑战。然而,为了提高人民生活水平,促进国家的繁荣稳定,老挝需要加快经济发展速度。建设经济特区成为一个重要的选择,建设经济特区可以促进老挝的产业升级和转型,还可以吸引更多的外资和企业入驻,促进老挝的国际贸易和合作。因此,建设经济特区是老挝加快经济发展速度、提高人民生活水平的重要途径。通过引进外资和企业、推动产业升级和转型、促进国际贸易和合作等方式,老挝可以加快经济发展的步伐,实现国家的繁荣稳定。

## 二、案例概况

### (一)老挝磨丁经济特区概况

老挝磨丁经济特区是老挝根据老挝国家政府2009年国家主席令颁布的第075号《促进投资法》以及老挝颁布的第089号总理令成立的一个国家级经济特区。该经济特区位于中国云南省与老挝南塔省交界处,距离中老边境仅3.5千米,可自主开发建设面积为16.4平方千米,总面积为34.3平方千米,开发年限为90年。它是老挝和中国之间的国家级一类陆路口岸，扼守中老泰经济走廊的交通节点，是昆曼大通道、泛亚国际铁路中国进入东南亚的首站。特区紧邻中国磨憨口岸，是中国泛亚国际铁路进入东南亚的重要口岸和昆曼大通道的关键站点，具有便利的交通运输条件。在中国"一带一路"倡议的政策扶持下，磨丁经济特区成为老挝对外开放的"北大门"和经济发展的新高地。

截至2023年6月，磨丁经济特区已成功吸引787家企业入驻，注册资金总额达到19.27亿美元。来自中国、泰国、柬埔寨、新加坡、马来西亚等国家的投资商在此地开展业务，涵盖出口贸易、加工制造、物流仓储、科技研发、生物制药、文化教育、金融服务、旅游度假、餐饮娱乐、跨境电商、免税购物等多个领域。2022年，磨丁经济特区实现了固定资产投资的稳定增长，同比增长9.8%。此外，该地区的进出口贸易表现尤为突出，总量达到566.69万吨，同比增长58.2%，进出口贸易总额高达433.38亿元人民币，同比增长98.99%。这些数据充分证明了磨丁经济特区不断增强的经济发展活力。

**（二）磨丁经济特区全域旅游项目简介**

国际文化旅游度假产业是磨丁经济特区的四大支柱产业之一。云南景兰文化旅游股份有限公司申报的全域旅游项目是磨丁经济特区的重要项目之一，旨在利用磨丁经济特区的地理位置和交通优势，打造一个集休闲度假、文化体验、商务会议于一体的全域旅游区，满足不同游客的需求。该项目已得到文化和旅游部产业发展司的鼎力支持，并被列入2020年"一带一路"文化产业和旅游产业国际合作重点项目名单之中。

磨丁在旅游业发展方面具有独特优势，表现在其森林覆盖率高达93%，年均温度21℃，气候宜人，即使在冬季也保持绿意盎然。磨丁凭借其原生态自然人文风光，融合了森林湖泊景观、老挝佛教文化、东南亚夜市、国门免税购物等多种旅游度假形式。同时，磨丁位于"中国西双版纳—老挝琅勃拉邦—泰国清迈"旅游环线上，其旅游业态既具有差异性又具有互补性。借助中老铁路的便利，背靠出入境的巨量客流，磨丁构建了全域旅游的发展格局，成为中老泰旅游环线和"一带一路"沿线的新旅游热点。目前，磨丁经济特区的文旅产业已初步形成景区、酒店、购物、娱乐等几大板块联动的局面，金庙、银庙将建成运营，两湖度假区、娜迦河六国水城将相继呈现，喃通古盐村将推出更多的体验场景。通过全域旅游项目的实施，老挝磨丁经济特区已成为一个具有国际影响力的旅游目的地，为当地经济和社会发展注入了新的活力。

近两年，跨境旅游行业迎来了新的繁荣。其中，老中磨丁磨憨跨境旅游线路尤为引人注目，越来越多的游客选择这条线路前往老挝旅游。这一趋势为磨丁经济特区带来了巨大的发展机遇，推动了当地经济的蓬勃发展。为了满足日益增长的旅游需求，磨丁景兰文化旅游发展有限公司与老挝共饮一江水公司磨丁秀紧密合作，对景区进行了全面的升级改造。公司投入了大量的人力、物力和财力，对景区的设施、环境和服务进行了全面的提升，为游客提供了更加舒适、安全、便捷的旅游体验。升级后的景区，不仅整体形象得以提升，也为游客提供了更加丰富的跨界之旅。游客们可以在这里感受异国风情、品尝当地美食、体验独特的文化，同时也可以享受到高品质的旅游服务。

## 三、案例经验与启示

### （一）充分发挥枢纽优势，成为连接东南亚各国的重要门户

老挝政府将磨丁经济特区列为优先发展的地区，并给予了一系列政策支持，包括税收优惠、土地租赁优惠等，以吸引国内外投资。依托中老铁路、磨会高速、磨万高速等干线基建，打造成国际陆港新都市，方便了国际贸易和物流运输。

### （二）从通道经济转向国际产业深度合作

在通道经济模式下，磨丁经济特区主要作为中国和东南亚之间的重要交通枢纽，通过运输、物流等服务业的繁荣来带动经济发展。然而，这种模式的发展潜力有限，无法满足日益增长的区域经济一体化的需求。在中老两国政府宏观政策的指导下，作为中老磨憨—磨丁经济合作区的一部分，该经济特区进行了全面的规划。依托其优越的区域战略位置，该特区致力于打造四大产业集群：国际商业金融、国际保税物流加工、国际教育医疗、国际文化旅游度假。其中，旅游度假产业作为先导，旨在带动人气和商气；物流加工和商务金融产

业作为核心，打造区域经济的增长引擎；而教育医疗产业则作为支柱，为社会的可持续发展构建有利的环境。

在实现国际产业深度合作的过程中，老挝磨丁经济特区还采取了一系列措施：一方面，加强与周边国家的政策沟通，消除贸易壁垒，促进贸易和投资自由化便利化；另一方面，推动产业升级和转型，发展高新技术产业和现代服务业，提升经济质量和效益；同时，加强人才培养和引进，提高劳动力的素质和技能水平，为经济发展提供强有力的人才支持。

### （三）封关运作，一证通行更便捷

老挝磨丁经济特区采取了封关运作和一证通行制度，作为出入境管理的一项重要举措。出境流程维持不变，边民证、护照均可使用，无须出示邀请函，亦无特定签证种类的限制。此外，为适应实际需要，老挝磨丁口岸现已开放老挝落地签办理，意味着游客可以在抵达老挝后直接办理签证，无须提前申请。这对于那些临时决定前往老挝的游客来说，无疑是一个好消息。通过开放落地签，中老两国之间的旅游交流将更加频繁，有助于增进两国人民之间的友谊和合作。在磨丁经济特区内部，一证通行制度的实施简化了出入境手续，推动了人员和物资的高效流动。此政策使得区内企业和个人能够更便捷地开展业务活动，实现贸易投资自由化，以及人员往来的便利化，从而进一步促进磨丁经济特区的发展。

## 第三节 七星海（柬埔寨滨海旅游度假特区）

### 一、案例开发背景

柬埔寨拥有得天独厚的旅游资源，包括悠久的历史文化、美丽的海滩、丰富的生物多样性和独特的民族文化等。随着全球经济逐渐复苏和旅游需求的持续增长，柬埔寨旅游业迎来了新的发展契机。由于柬埔寨旅游基础设施相对落后，旅游产品单一，服务质量不高，以及受到地区政治不稳定等因素的影响，柬埔寨旅游业的发展受到了一定的制约。

2008年中国与柬埔寨签订了柬埔寨滨海旅游特区（现名：柬中综合投资开发试验区）开发协议书，项目作为柬埔寨国家发展战略的一部分正式启动；2015年9月，柬埔寨根据共商、共建、共享的原则，将该项目纳入柬埔寨"一带一路"倡议项目。该项目旨在进一步深化区域合作，推动更大范围、更高水平、更深层次的区域合作，以共同打造开放、包容、均衡、普惠的区域经济合作架构。

在此背景下，中国天津优联投资发展集团有限公司与柬埔寨当地公司合作开发了七星海（柬埔寨滨海旅游度假特区）项目。该项目依托奥亚海滩的优质自然资源，结合现代化的旅游设施和服务，旨在打造一个能够满足不同游客需求的综合性旅游度假区。

## 二、案例详情

### （一）七星海（柬埔寨滨海旅游度假特区）简介

2016年七星海（柬埔寨滨海旅游度假特区）被纳入"一带一路"倡议标杆项目。七星海是柬埔寨滨海旅游度假综合投资开发试验区，位于柬埔寨西哈努克市以南的奥亚海滩，地处柬埔寨西北部，由天津优联投资发展集团有限公司与柬埔寨当地公司合作开发①。该度假特区占地面积约为360平方千米，包含90千米优质海岸线，依托奶粉沙滩、玻璃海水等自然禀赋资源，囊括酒店、别墅、商业街、水上乐园、主题公园、高尔夫球场、温泉中心等多元化设施，旨在打造一个具有国际水准的旅游度假胜地，同时推动柬埔寨旅游业的快速发展。

吴哥窟和吴哥古城是七星海旅游区的著名打卡景点。吴哥窟是柬埔寨的瑰宝，也是世界上一个很重要的考古地。它是一座巨大的印度教寺庙建筑群，建于12世纪初。吴哥窟以其精美的石雕、宏伟的建筑和复杂的水利系统而闻名，代表了高棉帝国的黄金时代。吴哥古城位于吴哥窟附近，始建于9世纪，是一座由城墙环绕的城市。城内拥有众多著名的寺庙，包括巴戎寺、巴芳寺以及皇

---

① 引自文化和旅游部产业发展司关于公布2019年度"一带一路"文化产业和旅游产业国际合作重点项目的通知。

家广场等。这些寺庙和广场是吴哥古城的标志性建筑，展现了柬埔寨古代文明的辉煌成就。除了吴哥窟和吴哥古城之外，七星海旅游区还有许多其他值得一游的景点，如西哈努克城、金边和湄公河等。这些地方为游客提供了丰富的自然风光、文化体验和美食体验，吸引了来自世界各地的游客。

### （二）七星海（柬埔寨滨海旅游度假特区）发展理念

七星海的发展理念是以可持续发展为核心，强调生态保护、文化传承、社区参与和旅游业的协同发展，旨在实现经济效益、社会效益和环境效益的统一。

**1. 生态优先**

七星海高度重视生态保护，遵循低影响开发原则，确保旅游业的发展不会对当地生态环境造成不可逆转的破坏。同时，通过生态修复和保护措施，改善和维护旅游区内的生态环境质量。该旅游区拥有丰富的自然生态资源，如红树林、珊瑚礁和湿地等，适宜开展生态旅游活动，如红树林探险、珊瑚礁潜水、湿地观鸟等，让游客近距离体验自然生态之美。

**2. 文化传承**

七星海保留了丰富的柬埔寨传统文化，如手工艺品制作、传统舞蹈和音乐等。当地政府和旅游开发商注重对这些文化的传承和保护，为游客提供深入了解和体验当地文化的机会，同时促进传统文化的传播和传承，如参观传统手工艺品作坊、欣赏柬埔寨传统舞蹈表演等，为游客提供深入了解和体验柬埔寨文化的机会。

**3. 社区参与**

七星海在发展过程中，注重当地社区居民的参与和发展，这是其成功的关键之一。如在景区内可以参观当地村庄、品尝当地美食、购买手工艺品等，增进对当地社区文化的了解，同时也为社区居民创造就业和收入机会。政府和旅游开发商通过培训、就业和创业等多种方式，帮助社区居民参与旅游业，提高他们的生活水平，实现旅游发展成果的共享。

### 4. 协同发展

七星海倡导绿色旅游理念，通过建立环保教育基地、举办环保活动等多种形式，增强游客的环保意识，倡导绿色旅游理念，实现旅游业与环保教育的深度融合。例如，游客可以参与海滩清洁、红树林植树等活动，为环保事业做出贡献。

## （三）发展现状

七星海是柬埔寨最重要的旅游目的地之一，近年来，随着国际旅游业的发展，该地区的旅游产业也得到了迅速的发展。

### 1. 旅游业迅速增长

随着柬埔寨政府加大投入，完善旅游基础设施，提高服务水平，七星海的游客数量逐年增加。2019 年柬埔寨共接待国际游客 660 万人次，与前一年相比增长了 6.6%。其中很大一部分游客前往七星海旅游区参观吴哥窟和吴哥古城等著名景点。

### 2. 旅游基础设施建设加强

为了满足日益增长的游客需求，柬埔寨政府和私人企业加强了对七星海旅游区的投资，建设了一批高质量的酒店、餐厅和购物场所，提高了旅游业的服务质量。

### 3. 注重文化保护与传承

柬埔寨政府和国际社会加大了对吴哥窟等文化遗产的保护力度，开展了一系列修复和保护工作，以确保这些珍贵遗产得以世代相传。同时，当地社区还通过举办各种文化活动和传统表演，展示高棉文化魅力，为游客提供更丰富的文化体验。

### 4. 关注生态环境保护

柬埔寨政府和环保组织关注七星海旅游区的生态环境问题，采取了一系列措施，如限制游客数量、推广可持续旅游理念等，以维护当地的生态环境和生物多样性。

## 三、案例启示

### （一）打造滨海旅游区的示范样板

七星海以旅游度假生活为主区域，实现土地与房屋产品销售、文化旅游度假胜地、东南亚康养大健康中心、大千世界的娱乐胜地等销售、运营、服务的生态资源文旅重点项目功能，成为柬埔寨滨海旅游度假区的示范样板。项目开发采取规划先行、因地制宜理念，充分利用资源优势，打造绿色、低碳、环保及可持续发展的国际生态城市。整体优先发展可再生资源，打造低碳绿色建筑标准。将可再生能源利用、水资源循环利用、垃圾无害化处理以及绿色建材、通风采光等方面的节能减排技术进行整合，形成绿色建筑综合实施方案。有效地降低建筑能耗和排放，从而为可持续发展做出贡献。

### （二）宽松的投资政策激发资本活力

七星海作为柬埔寨"第二家园"项目的示范项目，已经吸引了全球投资者的关注。最高9年的免税期、99年的土地使用权、便捷的投建审批程序以及长期签证等，这些举措大大降低了投资门槛，为投资者提供了稳定和长期的投资环境。此外，对于投资者来说，不仅七星海项目是一个值得信赖的项目，而且七星海更是一个能够为投资者提供舒适、安全和繁荣的生活环境的地方。在这里，投资者可以享受到高品质的生活和优质的服务，同时也可以参与到柬埔寨的发展中去。

柬埔寨七星海项目作为"一带一路"倡议的典型代表，不仅体现了中柬两国间的紧密合作关系，而且已成为推动地区发展的新引擎。这片位于东南亚的瑰丽土地，蕴含着巨大的潜力和希望，正吸引着全球的关注和参与。随着项目的稳步推进和持续发展，我们有充分的理由相信，在不久的将来，柬埔寨七星海项目将崛起为连接东南亚与全球的重要桥梁，为当地和区域的经济繁荣注入新的活力。

# 第四章

## 南亚地区"一带一路"文化旅游经典案例

中国与南亚地区的历史渊源深厚且悠久。早在西汉时期，张骞出使西域便开启了中国与南亚文化交流的新篇章，这在中国与南亚历史上留下了最早、最可靠的文字记载。汉代，中国与南亚的交流主要通过三条通道进行：西域道、滇缅道和南海道。这些通道的开通不仅促进了双方贸易的繁荣，更深化了文化、宗教、艺术等领域的交流。

随着时间的推移，中国与南亚的交往更加频繁和深入。东汉至隋唐时期，南亚的佛教文化不断通过丝绸之路传入中国，对中国古代文化产生了深远影响。而明朝的郑和七下西洋，更是加强了中国与南亚地区的海上联系。近代以来，尽管经历了诸多波折，但中国与南亚国家之间的友好交往和互利合作始终未变。今天，中国与南亚地区在经贸、文化、科技等领域的合作日益紧密，共同推动着双方关系的深入发展。

## 第一节　文化遗产保护示范案例——孟加拉国纳提什瓦考古遗址公园

### 一、案例背景

#### （一）中孟两国邦交友好

孟加拉国地处海上和陆上丝绸之路的要道，是"一带一路"沿线的重要国家，与中国有着悠久的交往历史。孟加拉国是佛教的重要发源地，玄奘西天取经，曾到访此地。明朝政府曾在该国的吉大港设立官厂，作为郑和船队的基地。中国与孟加拉国作为紧密友好邻邦，自1975年建交以来，两国关系经受了国际形势风云变幻的考验，始终保持着良好发展势头。两国高层交往频繁，政治互信不断加深，经贸合作也在不断扩大。

近年来"一带一路"倡议与孟加拉国发展战略的对接，推动双边经贸合作向更广领域和更深层次发展。中国是孟加拉国最大的贸易伙伴和进口国，而孟加拉国也是中国在南亚地区第三大贸易伙伴和重要工程承包市场。中孟经贸合作的领域非常广泛，包括基础设施建设、制造业、农业、信息技术等多个领域。

中国企业在孟加拉国投资兴建了许多基础设施项目，如桥梁、公路、港口、电站等，为孟加拉国的发展提供了重要的支持。同时，中国的制造业和信息技术也正在逐渐进入孟加拉国市场，为两国经济的互补和互利提供了更多的机会。

### （二）文化遗产保护续写中孟两国友谊

文化遗产保护对于维护世界文化多样性和创造性具有重要意义，这是"一带一路"共建国家构建"利益共同体"和"命运共同体"的重要前提。文化遗产承载着民族的自豪感和自信心，在国家推进"一带一路"倡议的过程中，文化遗产保护不仅有助于解决国家的历史文化认同问题，还能够深入触及民众心灵深层的部分。毗诃罗普尔是孟加拉国高僧、中孟文化交流先行者阿底峡的故乡。在中孟两国考古人员的共同努力下，对毗诃罗普尔古城内的纳提什瓦佛教遗址进行了大规模考古发掘，取得了重大成果，阿底峡曾经生活的历史环境得以重现。

毗诃罗普尔古城是孟加拉国历史上旃陀罗、跋摩、犀那三个王朝的都城，这里是佛教大师阿底峡尊者（982—1054）的出生地。1038年，阿底峡应邀来到中国西藏阿里，从事传教、著述、译经活动。由于这个特殊的因缘，主持毗诃罗普尔古城考古项目的阿格拉什—毗诃罗普尔基金会通过孟加拉国外交部，向我国使馆提出了中孟联合发掘的意向，希望得到资金和技术方面的援助。中国国家文物局和湖南省人民政府对此给予了高度的重视，湖南省政府、国家文物局、中国驻孟大使馆先后提供资金用于考古发掘，且联合考古队取得了重要的考古成果。

## 二、案例概况

### （一）孟加拉国纳提什瓦考古遗址公园简介

纳提什瓦遗址是一处重要的佛教中心遗址，位于现今孟加拉国达卡地区的蒙希甘杰县，距离拉库罗普尔遗址西约2千米。2010年，孟加拉国的考古学家们发现了位于毗诃罗普尔古城中的纳提什瓦遗址，并于2013年首次对其进行发掘。

在2014年至2019年，中国湖南省文物考古研究所与阿格拉什—毗诃罗普尔基金会资助并聘请的欧提亚·欧耐斯恩考古研究中心共同组成联合考古队，对纳提什瓦遗址进行了规模庞大的考古发掘工作。通过大规模的发掘，考古队发现并通过地层学和一系列测年数据证实，纳提什瓦遗址是一处规模庞大的宗教圣地。遗址附近的一些村落中分布着多处高台，上面散落着一些古老的砖块残片。周围还发现有壕沟，很可能是一些独立的佛教建筑的遗迹。这个遗址的年代可以分为早期和晚期两个阶段。

早期的年代约为 8 世纪末至 10 世纪中叶，以一座巨大的正方形神殿为核心。这座神殿的保存高度接近 4 米，基座的长度达 43 米[①]。在神殿的周围还发现了包括四座佛殿、一座带有居住和储藏功能的公共房子以及若干座僧舍和经过多次修缮的食堂建筑、浴室和排水沟等。晚期的年代约为 10 世纪中叶至 13 世纪初，这一时期的建筑是在堆土抬高地面的基础上，完全掩埋了第一期的建筑。在这个基础上，人们修建了一个更加宏伟的"十字形"中心神殿建筑。这座建筑的特点是周围分布的四座佛殿形成"十字形"的特点，这是孟加拉国金刚乘建筑的典型范例。每个佛殿由长约 17 米、宽约 4 米的东、西、南、北四面墙基形成封闭的"回"字形结构。

纳提什瓦遗址保存了两个时期的建筑遗存，这些遗存为我们提供了南亚次大陆公元 8 世纪至 12 世纪佛教建筑变迁的珍贵资料。在该遗址中，出土了大量的陶器，这些陶器具有明确的地层关系，初步建立了陶器年代学序列，填补了孟加拉国在该领域的空白。考古队还从各个地层中发现了不少中国瓷片，这些瓷片的年代跨度从唐宋到明清，种类包括青瓷、白瓷、青花瓷等。这些发现生动呈现了中孟两国在漫长历史长河中的密切往来。

### （二）发掘过程

自 2014 年 12 月至 2019 年 1 月，联合考古队进行大规模的考古发掘，发掘面积达 6000 多平方米，基本完成了遗址的全部发掘，使这座被湮没的中世纪古城得以重见天日。2018 年 12 月至 2019 年 1 月，在城市考古理念指导下，考古队针对整个毗诃罗普尔古城进行了新一轮的城址考古调查，采用走访当地村民、观察断剖面、踏勘并采集遗物等传统方法，所有地点均详细记录地理坐

---

① 柴焕波, S.M. 诺曼. 纳提什瓦：孟加拉国毗诃罗普尔古城 2013—2017 年发掘报告 [M]. 北京：科学出版社，2019.

标、相关地层、遗物和可能年代等主要情况。这次调查探明了毗诃罗普尔古城的范围、城内文化遗存的分布及城市不同功能区的布局及王宫所在地等情况，取得了重大的收获。

### （三）具备建设考古遗址公园和申报世界文化遗产的条件

中孟联合考古队发掘出寺庙建筑、佛塔、道路、排水设施等大量遗迹，出土了大量陶器，初步厘清了遗址的历史沿革，探明了毗诃罗普尔古城的范围（护城河的发现）、城内文化遗存的分布及城市不同功能区的布局等情况。

湖南省文物考古研究所研究员、孟加拉国毗诃罗普尔古城考古发掘中方领队表示，纳提什瓦遗址的体量十分壮观，呈现出红砖墙体互相叠压的恢宏景观，具有强烈的视觉冲击力和旅游开发潜力。

孟加拉国的三朝古都，过去只是推测，现在通过考古得以证实。深埋于地下的遗迹本身，体现了宗教建筑变迁，丰富和补充了一段历史。

## 第二节　孟加拉国纳提什瓦考古遗址公园案例经验与启示

### 一、科技应用与科技输出

利用先进的技术手段，如遥感技术、地球化学分析等，可以提高考古研究的准确性和效率，推动考古学的现代化和数字化发展。中孟两国联合考古展示了我国科技应用和科技输出在考古领域的重要作用。中国考古学的理论和方法获得了孟加拉国和国际同行的一致认可。

在近几年的合作中，孟加拉国从最初的寻求资金支持，逐渐变成了对工作方法和学术研究的重视。最新版的《孟加拉国史》中，吸收了中孟联合考古发掘的前沿成果。

## 二、促进中孟文化交流与文化保护

毗诃罗普尔古城,阿底峡大师的故乡,一直以来都是中孟两国文化交流的重要载体。该项目的考古发掘保护工作不仅是对历史文化的尊重和传承,更是对中孟文化交流的推动和促进。作为一项援外文化遗产保护项目,毗诃罗普尔古城的考古发掘保护工作得到了中孟两国政府的高度重视和支持。中国政府派遣了专业的考古队伍前往孟加拉国,与当地考古学家一起开展联合考古工作,不仅有助于保护和传承历史文化,更有助于推动中孟两国文化交流的深入发展。

遗址博物馆陈列除了遗址本体外,还包括中国历史文化、中孟交往史、阿底峡和藏传佛教文化等,使它成为传播中国文化和中孟友谊的一个窗口。它们将与中国援建的阿底峡纪念堂一起成为一道独特的胜景,树立中孟友谊的又一里程碑。

# 第五章 非洲地区"一带一路"旅游经典案例

中非友谊源远流长，中国是最大的发展中国家，非洲是发展中国家最集中的大陆，中国和非洲历来是休戚与共的命运共同体，是合作共赢的利益共同体。近十年来，中非进一步携手共建"一带一路"，为双方合作注入新活力。自2000年以来，中国在非洲修建铁路、公路均超6000多千米，援建了近20个港口、80多个大型电力设施，援建了130多个医院和诊所、170多所学校、45个体育场馆、500多个农业项目①。得益于一个个项目的落地，非洲旅游业也获得了合作与发展带来的红利。维多利亚瀑布城机场的旅游设施投入大大改善了游客的可进入性，也加快了津巴布韦旅游业发展的步伐；肯尼亚生态文化艺术工程项目对于践行绿色发展理念有重要作用；《乌干达旅游产业人才培养方案》为当地奠定了旅游人才基础。可以看出，"一带一路"作为友谊合作之路，对地方旅游业发展具有明显带动作用，旅游减贫效应明显。

## 第一节 "中津合力"助推旅游基础设施建设——维多利亚瀑布城机场改扩建项目

### 一、案例概况

维多利亚瀑布城机场（Victoria Falls Airport）位于维多利亚瀑布城以南18千米处。维多利亚瀑布城地处津巴布韦西北边境，紧靠于1989年被列入《世界遗产名录》的维多利亚瀑布。每年的5月到10月这里都有大批游客蜂拥而至，期待一睹世界最著名的瀑布的风采，维多利亚瀑布城也因此成为津巴布韦旅游业的发展中心。2013年由中国江苏国际经济技术合作集团有限公司承建的维多利亚瀑布城机场改扩建项目正式启动，该项目得到了中国进出口银行的优惠贷款，总投资金额为1.5亿美元。该项目自2013年4月启动，分为新机场建设和旧机场改造两部分，主要内容包括扩建机场跑道、航站楼、停机坪、消防中心和控制塔等设施，同时建设精密仪表起降系统、地面灯光系统和

---

① 中国外长33载新年首访非洲续写传统友谊[EB/OL]. 中国一带一路网.(2023-01-17).https://www.yidaiyilu.gov.cn/p/302684.html.

气象监测等设备和改造机场道路等。2015年竣工并投入使用的有4000米跑道、2万平方米国际航站楼和10万平方米停机坪等项目。2016年11月，维多利亚瀑布城机场改扩建项目顺利竣工。改扩建后的维多利亚瀑布城机场每年能够接待150万游客，是之前运力的3倍，新跑道能够起降大型客机，为机场开通长距离航线奠定了基础。该机场是目前津巴布韦设施最完善、现代化水平最高的机场，它使津巴布韦著名景点维多利亚瀑布对区域外游客的接待能力有了显著提高。

## 二、运营现状

**1. 航线增加、连通地区辐射面积广**

作为中津两国共建"一带一路"重点合作项目之一，维多利亚瀑布城机场的改建和扩建使机场的跑道长度得以增加，这使得大型飞机可以降落和起飞。多家国际航空公司开通了航班前往维多利亚瀑布城，包括埃塞俄比亚航空、南非航空、肯尼亚航空等，这些航班连接了津巴布韦与南非、埃塞俄比亚、肯尼亚以及其他国家和地区，方便游客从全球各地抵达，现已逐步成为非洲重要的航空中转枢纽之一。

维多利亚瀑布城机场大部分航班来自两个南非航班枢纽，即奥利弗·雷金纳德·坦博国际机场（O.R. Tambo International Airport）和开普敦国际机场（Cape Town International Airport）。直达维多利亚瀑布最远的航班是从内罗毕（肯尼亚）和亚的斯亚贝巴（埃塞俄比亚）而来。其他航班来自博茨瓦纳、赞比亚和纳米比亚。

在机场改扩建项目实施前，往返于维多利亚瀑布城的路线十分有限。而在机场改扩建项目成功运营后，维多利亚瀑布变成了一个相对繁忙的旅游目的地。2017年，开通了两条通往维多利亚瀑布国际机场的航线，其中包括维多利亚瀑布—内罗毕和维多利亚瀑布—亚的斯亚贝巴航线，每天各一班。2018年该旅游地每年能接待50多万游客，2022年7月，南非连接航空公司开通南非约翰内斯堡和津巴布韦维多利亚瀑布城之间的航线。

通过航班容量和航线的增加，机场扮演了促进旅游业增长和维多利亚瀑布城地区经济发展的重要角色，也为世界各地的游客打通了一条通往维多利亚大瀑布的旅游快线。

### 2. 旅客容量提升，旅游业得到快速发展

改建和扩建使维多利亚瀑布城机场的旅客容量大大增加，更宽敞和现代化的乘客候机区、行李处理设施和登机口，能够同时容纳更多旅客。这为旅游业的快速增长和旅客流量的增加提供了必要的基础设施支持。旅客容量的提高和服务质量的提升，为游客提供了更好的旅行体验。Kaitano Dubea（2019）通过在线调查得出，有61%的游客选择航空旅行方式前往维多利亚瀑布城[①]，该机场的开通和升级有效促进了当地旅游业的发展。

### 3. 服务设施及质量不断提升

为了满足日益增长的游客需求，一些新的旅游服务设施，如旅游咨询中心、游客接待中心和游客休息区等，已经在维多利亚瀑布城地区建设起来。这些设施将提供方便的信息咨询、导游服务和休息场所，增强游客的体验感。同时，改建和扩建项目不仅包括机场本身的建设，还涉及周边的旅游设施的提升。机场附近新建了酒店、度假村和其他旅游服务设施，以满足日益增长的游客需求。这些设施的建设使游客能够在舒适的环境中停留、休息和享受维多利亚瀑布城的旅游资源。维多利亚瀑布城机场改扩建项目的实施为当地的旅游业、商务和贸易发展带来了巨大的推动作用。该机场现在吸引了更多来自世界各地的游客和商务旅客，进一步巩固了维多利亚瀑布城作为非洲主要旅游目的地的地位。

总之，维多利亚瀑布城机场在过去十年中取得了一系列骄人的成就。改建和扩建工程的实施让该机场成为非洲最重要的航空枢纽之一，提高了机场的通航和旅客服务能力，同时也为当地的经济和旅游业发展创造了良好的条件。

---

① Kaitano Dube. Climate change and the aviation sector: A focus on the Victoria Falls tourism route[J].Environmental Development, 2019(29):5-15.

## 三、案例建设成效与启示

**1. 区域旅游接待量显著提升**

旅游业是津巴布韦重要的创汇产业，据统计，津巴布韦地区劳动力总数中有4.5%的人从事旅游业，另有4%从事与此相关的行业[①]。相关基础设施投入增加后，当地旅游业运营状态持续向好。维多利亚瀑布城机场改扩建项目的竣工使用，更是拉动了这一地区的旅游人数不断攀升。维多利亚瀑布城机场为津巴布韦国内和国际旅客提供方便快捷的出行方式，使得更多的旅客能够到达维多利亚瀑布城和周边地区旅游观光，进一步推动了当地旅游业的发展。

从表5-1可以看出，津巴布韦入境旅游中非洲本地客源占比连续5年超过70%，欧洲、东亚和太平洋地区是其主要国际客源市场，以航空为主要交通方式的占比超过10%，2017年后均接待游客量300万人以上，这与基础设施的投入有较大的相关性，得益于"一带一路"中津两国合力推进旅游基础设施建设，该国出入境空间格局不断优化、区域旅游接待量不断提升，旅游接待人数迈上新台阶。

表5-1 2017—2021年津巴布韦入境旅游地区人数及抵达方式分类统计（单位：万人）

| | | 2017年 | 2018年 | 2019年 | 2020年 | 2021年 |
|---|---|---|---|---|---|---|
| 按来源地区 | 非洲 | 1948 | 2064 | 1872 | 568 | 269 |
| | 美洲 | 121 | 120 | 101 | 17 | 21 |
| | 东亚和太平洋地区 | 120 | 142 | 113 | 14 | 17 |
| | 欧洲 | 223 | 237 | 191 | 37 | 71 |
| | 中东 | 3 | 2 | 4 | 0.3 | 0.3 |
| | 南亚 | 9 | 14 | 13 | 3 | 3 |
| 按交通方式抵达 | 航空 | 310 | 337 | 321 | 77 | 147 |
| | 水运 | — | — | — | — | — |
| | 陆运 | 2113 | 2243 | 1973 | 562 | 233 |

数据来源：世界旅游组织数据库统计

---

① 数据来源于中国领事服务网。

### 2. 地区形象和旅游知名度不断提高

航空基础设施建设（如机场、航线等）可以大大提高地方旅游业的可达性，吸引更多的游客前来。航空基础设施的完善可以使游客在较短的时间内抵达目的地，缩短旅途时间，提高旅游便利度。维多利亚瀑布城机场的存在和运营，提高了维多利亚瀑布城和周边地区的知名度，对于推广当地旅游业和发展相关产业具有重要意义。同时，机场的建设和发展也可以提升该旅游目的地的形象和声誉，促进当地的经济繁荣。维多利亚瀑布城机场作为津巴布韦的重要交通枢纽，扮演着促进国际交流和合作的重要角色，机场的存在和运营可以方便旅客的出行，增加国际接触和交流的机会，促使地方文化与各民族文化得以交流，地方旅游也将得到更多的宣传和推广。

### 3. 积累了中非旅游合作发展经验

在看到生动的成绩背后，更值得一提的是，在中非合作经验及模式的探索实践时期，以基础设施主导型的援建项目积累了旅游合作领域可复制、可推广、可持续、可落地的经验，援建项目地旅游业不断向前发展的态势是对"一带一路"倡议所倡导的"共荣共赢、共商共建、共创共进"理念的生动诠释。

## 第二节 共谋绿色发展——肯尼亚生态文化艺术工程项目

### 一、案例概况

肯尼亚以野生动物资源丰富而闻名世界，是非洲具有重要影响力的国家，也是"一带一路"建设的重要支点国家。肯尼亚生态文化艺术工程项目旨在宣传生态文明价值观和人类命运共同体观念，同时保护当地自然和文化遗产，培养人们热爱自然保护环境崇尚绿色的人文情怀，在两国人民中间产生价值认同，实现"一带一路"的"心相通"。该项目由中国的爱涛文化集团有限公司发起，肯尼亚旅游局合作实施，是中国文化和旅游部办公厅公布的2020年"一带一路"文化产业和旅游产业国际合作重点项目。爱涛文化集团以展示肯尼亚"生物多样性文化艺术"为工程项目核心,设置了"经典动物生态(自然)院线电影""精美的动物生态主题舞台剧""中非大自然音乐会""世界野生动物艺术大展""国际自然文学论坛""出版传媒项目""山河恋艺术品专卖店""中肯直飞航线传播项目""专属媒体平台"9个子项目[①]。该项目生动诠释了人类共有的绿色价值观这一主题,展示推广了中国生态旅游和文化旅游及艺术各领域的成果。项目在国内外产生了一定的影响力及社会效应。

## 二、案例特点

### 1. 创新的营销策略

该项目采用创新性的营销策略,将肯尼亚多元的自然、文化和艺术资源通过互联网、社交媒体等渠道进行推广,吸引了包括年轻人、文化爱好者、生态旅游者等在内的不同的受众群体。该项目还注重游客的定制化需求,提供个性化的旅游服务和定制化的旅游产品,从而满足不同游客的需求和体验。

### 2. 丰富的文化体验

肯尼亚生态文化艺术工程项目不仅展示了丰富的生态文化内涵,还为游客提供了多种文化体验。游客可以参观当地博物馆、村庄和主题公园,了解肯尼亚不同地区的文化差异。此外,项目还组织了一系列文化活动,如传统音乐、舞蹈和戏剧表演等,让游客更好地了解肯尼亚的文化遗产和传统文化。

### 3. 倡导绿色发展

肯尼亚生态文化艺术工程项目始终将环境保护和可持续性作为重要的发展目标,通过"经典动物生态(自然)院线电影"、"精美的动物生态主题舞台剧"和"中非大自然音乐会"等方式诠释了旅游业的绿色发展理念,通过保护环境和文化遗产,助力可持续发展目标的实现。

---

① 苏豪文化集团有限公司 爱涛文化集团"肯尼亚生态文化艺术工程项目"入选 2020 年"一带一路"文化产业和旅游产业国际合作重点项目 [EB/OL].(2020-11-24)http://www.artallgroup.com/news/1074.

### 三、案例成效与启示

肯尼亚生态文化艺术工程项目采取了"低影响、高价值"的旅游开发策略，旨在保护自然资源和生态环境，并在此基础上，开发高质量的生态旅游产品和服务。如"经典动物生态（自然）院线电影""精美的动物生态主题舞台剧""中非大自然音乐会""中肯直飞航线传播项目""专属媒体平台"等项目通过推广生态旅游和文化旅游，吸引了更多的游客特别是对自然景观和野生动物感兴趣的游客来到肯尼亚，同时，注重游客的定制化需求，为游客提供个性化的旅游服务和定制化的旅游产品，从而满足不同游客的需求和体验。这增加了旅游业的收入和行业贡献率，为肯尼亚带来了直接的经济效益。同时还注重保护和推广当地的文化遗产，通过将旅游与环境教育结合，使游客能够更加深入地了解生态系统的重要性，提高游客感性认知，引导游客注重生态保护；鼓励游客了解和欣赏肯尼亚文化，引导他们购买当地的手工艺品和艺术作品，为当地文化产业带来了新的发展机遇，增加了文化遗产的收益，促进可持续旅游的实践。此外，该项目也大大提高了肯尼亚的旅游知名度和吸引力，对于落实共建"一带一路"倡议、传播中国文化、展现中非旅游合作成果有着重要意义。

## 第三节　智力输出促发展——乌干达旅游产业人才培养项目

### 一、案例概况

位于非洲东部的乌干达，被誉为"非洲明珠"。旅游业是乌干达仅次于咖啡种植业和棉花种植业的第三大创汇产业。乌干达境内旅游资源丰富，有非洲最大的淡水湖维多利亚湖（世界上最长河流尼罗河的源头之一所在地）。主要旅游点有尼罗河源头、伊丽莎白国家公园和基代坡河谷国家公园等。乌干达布恩迪国家公园、鲁文佐里山国家公园、卡苏比王陵被列入《世界遗产名录》，是非洲的重要旅游目的地①。而随着旅游业的快速发展，其旅游经营管理、产品开发、旅游服务问题也逐渐凸显，特别是缺乏如旅游运营推广人才、酒店及餐厅服务人才、导游服务人才、休闲旅游及旅游接待等方面的旅游产业专业人才。2018年中国中惠旅集团两次安排专人考察乌干达旅游市场，中乌双方就乌干达旅游招商投资、旅游运营、景区开发、规划策划、智慧旅游、人才培养等方面达成了共识。在2019年举办的第一届中国—非洲经贸博览会上，作为中非旅游合作的唯一入展方案，《乌干达旅游产业人才培养方案》成功签约乌干达，5年时间里乌干达政府共选拔600名旅游从业人员，分批次到中国进行为期一年的旅游专业理论与实践学习。这一项目的实施为当地培养急需的旅游专业人才、为向非洲贡献中国发展的智慧和经验提供了强有力的支撑，是智力践行"一带一路"文旅融合发展的典范。

## 二、案例建设情况

专业化的旅游人才是发展的基础。中惠旅集团在旅游人才培训与输出方面拥有20多年的累积经验和鲜明特色：首倡体验式旅游和体验式培训理念，主张让学员在沙盘演练、项目仿真中学习，在参与互动和体验中提升旅游产业理论和实践技能。本着服务市场主体，开展针对化、专业化旅游人才培养的培训理念，中惠旅集团重塑乌干达旅游人才培养目标，注重学生的体验和教育过程，不仅是要培养一支能满足乌干达旅游业发展迫切所需的"吃住行游购娱"要求的人才队伍，而且要培养出能适应国际新形势需要的旅游产业发展人才②。中惠旅集团秉承"授人以渔"的理念培训乌干达人才，希望他们在中国学习结束回国后，可加强乌干达本地旅游产业人才的"造血功能"，增强乌干达旅游可持续发展的能力，推进旅游产业升级，促进当地就业，推动乌干达旅游经济良性发展。

---

① 万宇，张丹华，黄培昭. 增进民心相通共创繁荣未来[N]. 人民日报, 2023-11-24.
② 张玲. 湖南将与乌干达加强文化旅游交流合作[N]. 中国文化报, 2010-06-28.

**1. 发挥校企合作优势，培养应用型旅游人才**

"校企联合"是一种企业、学校、学生三方通力合作的人才培养模式。联合高校、旅游企业共同制订旅游人才培养方案，以就业为导向进行"订单式"人才培养的模式。中惠旅联合中南林业科技大学、安徽工程大学，根据市场所需设计课程，共同完成乌干达旅游产业人才培训工作。

**2. 大学理论学习＋景区实践学习的培训模式**

中惠旅集团人才培训采取"大学理论学习＋景区实践学习"的模式进行，由乌干达选派来的学员先在安徽工程大学或中南林业科技大学学习3个月的体验旅游专业课程，然后在该集团旗下的景区、旅行社和酒店进行为期9个月的实践学习。中惠旅集团提供涵盖旅游营销、景区运营、项目开发管理、工程管理、媒体传播、导游服务、酒店管理、智慧旅游系统开发及应用等方面的200多个旅游业全产业链的实践岗位，并采用轮岗制，让学员在轮岗中全方位地了解每个岗位的特点和技能要求，得到实战经验。学员在此学习实践过程中，培养项目服务、旅游营销、景区运营、产品开发、规划设计、工程管理、智慧旅游、景区演艺等方面专业能力。

**3. 优化完善考评体系，全面反映学生学习成果**

在旅游产业人才培养方面，中惠旅集团采用多种考评方法和手段，监督与保障学习效果。考评方法包括笔试、实践操作、模拟演练、网络互动等，结合不同的考评对象和场景进行选择和组合。同时，考评主体由教师、学生、同行、行业专家等多元一体的考核团队组成，保证考评的客观性和有效性。

## 三、案例成效与启示

乌干达旅游产业人才培养项目是中惠旅集团秉持"授人以渔"的理念，与乌干达学员分享旅游产业人才所需的知识和技能，最终形成"人才培养、项目促进、产业发展、旅游富民"局面的一项有益尝试。在项目培训完成后，成规模的人才培养将为乌干达旅游产业的发展提供急需的专业人才，从而实现人才促进技术更新、技术促进产业升级、产业促进社会就业、就业促进高级人才聚集的旅游经济良性循环发展。受训学员可将所学传递给当地旅游从业者，从而加强本地旅游产业人才的造血功能，增强本地旅游产业的可持续发展。旅游产业人才培训，还有利于提升旅游服务人员的服务能力和服务水平，进而提升乌干达的旅游形象。中惠旅集团主动服务非洲国家旅游发展所需，积极响应国家"一带一路"倡议，为中非或其他"一带一路"共建国家文旅合作与交流提供了宝贵经验和借鉴。

# 第六章 中东欧国家"一带一路"旅游经典案例

共建"一带一路"十余年来,中国与中东欧国家的合作与交流日益增多。民心相通是推动共建"一带一路"的人文基础和"五通"之一,人员流动为文化传播创造契机,文化传播为民心相通奠定基础。塞尔维亚广泛的文化交流项目、保加利亚的索非亚中国文化中心将"一带一路"共建国家和地区的距离越拉越近。

## 第一节 文化交流促发展的代表——塞尔维亚

### 一、案例概况

塞尔维亚位于巴尔干半岛中北部,东北与罗马尼亚、东部与保加利亚、东南与北马其顿、南部与阿尔巴尼亚、西南与黑山、西部与波黑、西北与克罗地亚、北部与匈牙利相连。作为巴尔干半岛的重要国家,塞尔维亚拥有丰富的自然资源和独特的地理优势。它的面积约为8.85万平方千米,人口约为841万人,首都是贝尔格莱德,是塞尔维亚最受游客欢迎的城市之一。塞尔维亚被誉为"巴尔干半岛上的旅游宝藏",拥有众多令人惊叹的自然景观和历史遗迹,主要旅游景点有圣萨瓦教堂、米哈伊洛大公街、彼得罗瓦拉丁堡垒等,多瑙河也流经这里。塞尔维亚是最早加入"一带一路"倡议的国家之一,2017年年初塞尔维亚对中国游客实行免签政策。得益于"一带一路"倡议的深入推进,塞尔维亚文化交流景象繁荣、旅游业发展方兴未艾。

### 二、案例建设情况

塞尔维亚历史文化底蕴深厚,丰富的历史、独特的文化为其奠定了举办各类文化交流活动的基础,随着"一带一路"的深入推进和免签政策的支持,为了不断促进国际文化交流与合作,塞尔维亚政府和文化机构定期举办各种文化交流项目,邀请海外的文化从业者和爱好者来塞尔维亚交流、学习和合作(见表6-1)。近年来塞尔维亚的文化交流活动日趋丰富,大大提高了其知名度,也为其旅游业发展奠定了良好基础。

表 6-1 塞尔维亚举办的国际文化交流项目

| 时间 | 项目名称 | 活动内容 | 参与国家或人员 |
| --- | --- | --- | --- |
| 2016 年 6 月 | 首届中国—中东欧文化创意产业论坛 | 论坛围绕"我们共同的未来：创意产业与文化贸易"，深入交流和研讨了中国与中东欧国家文化创意产业领域巨大的合作潜力 | 中国与中东欧十六国文化创意产业领域的政产学研各界代表 |
| 2017 年 5 月 | 首届中国—中东欧国家文化遗产论坛 | 深化中国—中东欧国家文化遗产领域全面合作 | 中国和中东欧国家 |
| 2018 年 5 月 | 第 11 届贝尔道克斯国际纪录片电影节 | 注重风格和题材的多样性，又注重成名纪录片导演作品和青年导演作品数量的平衡，希望在品质上为观众打造一组华丽的世界级纪录片盛宴 | 各国从业者 |
| 2019 年 10 月 | 第 50 届塞尔维亚斯梅代雷沃国际诗歌节 | 塞尔维亚斯梅代雷沃国际诗歌节是欧洲最具影响力的国际文学奖之一，自 1970 年开始举办 | 各国诗歌爱好者 |
| 2022 年 1 月 | 塞尔维亚"欢乐春节" | 继续推动文明交流互鉴，增进中塞民心相通，向世界讲好当代的中国故事、山东篇章 | 中国 |
| 2023 年 5 月 | 中塞影视文化交流活动 | 以"传承"为题，让中国青年深入了解塞尔维亚的历史和生活，让塞中友谊在青年文化艺术交流中延续 | 中国、塞尔维亚 |
| 2023 年 7 月 | 第 7 届丝绸之路·琴弦之音音乐节国际项目 | 在巴尔干之钥贝尔格莱德感受巴尔干半岛的美妙音乐 | 免签各国 |
| 2023 年 8 月 | 第 15 届塞尔维亚乌日策国际儿童节 | 促进和分享不同国家的民俗和传统，加强各国的友谊，促进儿童社区的文化合作，鼓励多元文化和多民族文化融合 | 中国、加拿大、希腊、土耳其、蒙古国、埃及、墨西哥、波兰、保加利亚、斯洛伐克等 16 个国家 |

## 三、案例成效与启示

得益于塞尔维亚各种文化交流项目的深入开展，当地旅游业发展态势不断攀升，旅游基础设施日益完善、游客数量逐年递增，现已成为许多国家游客向往的热门旅游目的地之一。

### 1. 旅游接待设施不断完善

从近年数据来看，塞尔维亚旅游业中旅游住宿设施自 2017 年后呈倍数增长（见表 6-2），2019 年共有旅馆 5095 家。旅游餐饮服务，以及旅行社和其他预订服务活动，均呈上升趋势。在"一带一路"的辐射与带动下，塞尔维亚旅游业正以全新的行业发展热情迎接世界各地游客来访。

表 6-2　2017—2022 年塞尔维亚旅游机构数量统计（单位：家）

|  | 2017 年 | 2018 年 | 2019 年 | 2020 年 | 2021 年 |
|---|---|---|---|---|---|
| 旅游机构数量总计 | 28 362 | 28 585 | 36 464 | 36 555 | 37 579 |
| ◆ 游客住宿场所 | 1089 | 1219 | 5095 | 3908 | 5944 |
| ◆ 餐饮服务机构 | 26 702 | 26 131 | 30 137 | 31 457 | 29 493 |
| ◆ 旅行社和其他预订服务机构 | 571 | 1235 | 1232 | 1190 | 2142 |

数据来源：根据世界旅游组织数据库资料整理

### 2. 旅游人数不断增加

随着面向多国的旅游免签政策的推行，塞尔维亚入境游市场总体运行良好。2017—2019 年，入境游游客数量不断增加，2019 年后受新冠疫情影响出现波动（见图 6-1）。

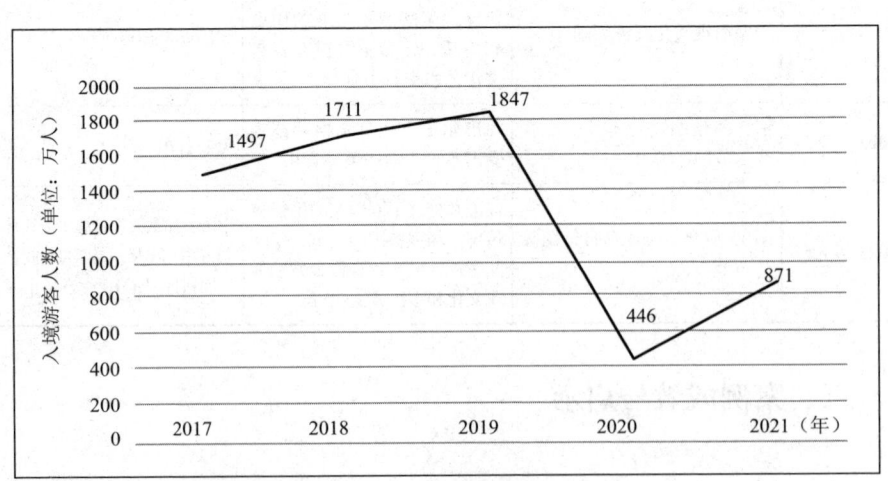

图 6-1　2017—2021 年塞尔维亚入境旅游人数

数据来源：根据世界旅游组织数据库资料整理

塞尔维亚通过外事搭台、文化唱戏的方式，在深化与共建"一带一路"国家的人文交流、促进人类文明交流交融方面发挥了积极助推作用。旅游免签政策的推行，使得游客可进入性大为增强，极大地促进了当地旅游业发展，免签国文化交流项目也相应增加。通过这些文化交流项目，塞尔维亚为国际参与者提供了丰富的文化体验、学习和合作的机会。无论是参观展览、观赏演出，还是与当地人共同创作和学习，对推广塞尔维亚的文化和旅游资源，推动国际文化交流和合作的发展，都做出了重要贡献。

## 第二节　索菲亚中国文化中心

### 一、案例概况

索菲亚中国文化中心（Sofia Chinese Culture Center）是位于保加利亚首都索菲亚的文化交流机构，是中国政府在保加利亚设立的对外文化旅游宣传推广的官方机构，由文化和旅游部与宁波市人民政府合作共建，这是中国在海外开设的第34个文化中心，也是在中东欧国家揭牌运营的第一家中国文化中心，2017年11月23日在保加利亚首都索菲亚举行挂牌仪式。该中心以"优质、普及、友好、合作"为宗旨，充分发挥"窗口、桥梁、平台"作用，加强与保加利亚官方和社会组织的合作，为中保友谊增添新内涵、新动力。索菲亚中国文化中心是宁波市首个利用国家级平台在国外设立的常驻机构。经过六年建设发展，中心贯彻落实"地瓜经济"提能升级"一号开放工程"，不断升级打造与中东欧地区的文旅交流平台，为两地人文互通发挥了桥梁和纽带作用，入选宁波市首批"一号开放工程"最佳实践案例。索菲亚中国文化中心承担了许多重要的文化交流任务，积极推动"人文交流首选之地"建设。如举办文化活动、展览、演出、讲座和培训，向保加利亚民众介绍中国的传统和现代文化，促进两国人民的相互了解和友谊。该中心的使命是通过文化交流增进中保两国人民之间的友谊和合作，打造中保两国之间的重要桥梁。

## 二、案例建设情况

**1. 多种渠道开展宣传推介活动**

索非亚中国文化中心充分发挥"中华文化海外展示和中国旅游海外推广"桥头堡作用，举办了"欢乐春节""天涯共此时——中秋文化周""中华文化进校园"等品牌活动，扩大了宁波文化在中东欧国家的知名度和影响力。在中保建交70周年之际，通过索非亚中国文化中心平台，开展了"欢乐春节"品牌活动；截至2023年9月，在保加利亚、罗马尼亚首都及其主要城市进行了4场"欢乐春节"文艺巡演和"蓝色呼吸"宁波海上丝绸之路油画展。索非亚中国文化中心以现有网络平台为基础，围绕"一带一路"、海丝宁波、亚运风景"最美海岸线"、"滨海宁波扬帆世界"等主题，积极开展有关宁波的宣传。中心先后开展了"我们在一起"全球跨年直播活动、跟随"诗画浙江、甬菜百碗"看宁波美食、行走港城宁波、天一阁•月湖中东欧线上音乐会等宣传活动。

索非亚中国文化中心同驻保加利亚大使馆参加保加利亚每年一度的A to Jazz爵士音乐节市集，积极推广书籍、文创、茶叶、茶具等一系列中国特色产品。A to Jazz爵士音乐节自2011年举办以来，已成为索非亚最具盛名的音乐盛会之一，每年都吸引超过5万名来自世界各地的音乐爱好者和表演艺术家。索非亚中国文化中心作为该音乐节市集的参展方之一，以独特而精美的"中国日子"主题文化产品及中国茶体验吸引了众多参观者驻足。通过品茗，他们更深入地了解了中国茶的独特魅力和历史传承，这对宣传中国文化起到了较大的促进作用。

**2. 努力助推教育领域合作**

索非亚中国文化中心设有中餐培训推广基地，积极推广东方美食。中心与宁波市甬江职业高级中学签署合作协议，在索非亚文化中心创办中国餐饮培训推广基地，由学校提供师资和教材，以教学、品鉴的模式让中国餐饮文化进入保加利亚寻常百姓家。

索非亚中国文化中心与多个留学生组织加强联系，共同参与各种文化交流活动、文艺演出。联合大使馆文教处与宁波市教育局、相关高等院校开展教学合作需求视频对洽会，联系保加利亚索非亚国立美术学院，助推浙江纺织服装职业技术学院牵头筹建的"中国—中东欧国家职业院校产教联盟"建设。

**3. 积极拓展文化交流平台**

索非亚中国文化中心充分结合宁波作为中国—中东欧国家交流门户城市、"一带一路"倡议综合试验区等定位开展活动，助推文化交流。宁波连续5年举办中国（宁波）—中东欧国家旅游合作交流周活动，每年吸引近百名来自10多个中东欧国家的旅游部门及旅行社的代表赴宁波交流洽谈。2016年首创"百团千人游中东欧"活动，5年内累计输送1万余人次前往中东欧各国旅游。2023年2月，在全球出入境政策优化的背景下，第一时间联动北京市文化和旅游局赴塞尔维亚、保加利亚和希腊成功举办"运河明珠·魅力京甬"大型双边文化旅游推介会。2018年7月5日至7月8日，第七次中国—中东欧国家领导人会晤在索非亚市举行。中心同期举办"16+1"当代艺术展，邀请17国27位艺术家展出100余幅艺术作品，推动文化互鉴互融。该中心开展东亚文都宁波与欧洲文都普罗夫迪夫对话活动，邀请中保两国艺术家深度写生及交流互访活动等。目前，索非亚中国文化中心已与保加利亚美术家协会、保加利亚电影协会、保加利亚国家图书馆、保加利亚国家美术馆等建立良好合作关系，与索非亚儿童艺术学校、101中学等学校也关系密切，经常合作举办活动，均对推动首选之地建设、服务"示范区"产生了积极的帮助。"茶之乡游，一脉飘香"中保文化旅游经贸交流活动，是索非亚中国文化中心贯彻"以茶为媒""以茶会友"理念，积极将国际多元文化"引进来"，使中华优秀传统文化"走出去"的积极尝试，加深了中东欧人民对中国文化的了解。此外，该中心还不断导入国内专业资源，打造中心品牌项目，如香黛宫旗袍、红牡丹书画艺术、宁波"一人一艺"全民艺术普及（文艺出海）、非物质文化遗产展示等，主动扩大朋友圈，进一步促进了双方的经贸文化交流与合作，成为"一带一路"文化和旅游交流合作的主阵地。

## 三、案例成效与启示

索非亚中国文化中心致力于在保加利亚推广中国文化、促进中保两国之间的文化交流与合作。它不仅向保加利亚人民提供了了解中国文化的机会，同时也为中国在保加利亚的留学生、工作人员和游客提供了一个与当地社区互动和参与文化活动的平台。通过这些努力，索非亚中国文化中心在中保两国之间架起了一座文化交流的桥梁。

促进文化交流：索非亚中国文化中心成功地促进了中保两国之间的文化交流。中心举办的文化展览、艺术演出和节庆活动、教育培训活动，为保加利亚人民带来了丰富多样的文化体验。这些活动不仅让保加利亚民众亲身感受到中国的文化魅力，也为保加利亚民众提供了丰富多彩的中国文化学习机会。这有助于推动"一带一路"共建国家和地区的文化交流与学习，提升互相了解和理解的程度，为"一带一路"行动增添了人文色彩，也为"一带一路"共建国家间的交流与合作打下良好的基础。

弘扬中国文化：索非亚中国文化中心在保加利亚境内推广中华文化，是传播中国文化的重要平台。文化作为一种软实力，可以提高中国的国际认知度、形象和影响力，进而为"一带一路"建设提供有力支撑。

推进经济合作：借助索非亚中国文化中心这样的交流平台，中国企业可以向保加利亚和其他"一带一路"共建国家推广自己的产品、服务和品牌，进而促进和拓展经济合作。

# 第三篇

## 基于行业要素的"一带一路"旅游经典案例

# 第七章 旅游服务业——以携程网为例

在 21 世纪的今天，全球化进程不断加速，旅游服务业作为连接世界文化、经济的桥梁，正发挥着越来越重要的作用。携程网，中国最大的在线旅游服务提供商，在这一时代背景下，不仅积极参与了"一带一路"倡议，还将其融入企业战略中，努力推动旅游服务业的国际化发展。"一带一路"倡议的提出，旨在通过建设连接亚洲、欧洲和非洲的基础设施，促进共建国家和地区的经济繁荣和区域合作。旅游服务业，作为这一宏伟计划中重要组成部分，承担着促进人文交流、增进国际理解的重要使命。携程网紧跟时代步伐，通过打造互利共赢的合作伙伴关系，不仅推动了企业自身的发展，也为"一带一路"共建国家和地区的旅游服务业注入了新的活力。旅游服务业在"一带一路"倡议中担任的角色和影响作用不容忽视。它不仅是推动区域经济一体化的重要力量，也是促进文化交流、民心相通的桥梁和纽带。携程网的实践表明，旅游服务业的发展不仅可以带动相关产业的繁荣，还可以为共建国家和地区创造更多的就业机会和经济效益。接下来，我们将深入探讨携程网在"一带一路"倡议下的实践与创新，以及旅游服务业在推动区域经济一体化中所发挥的重要作用。

## 第一节 携程网的"一带一路"构思

### 一、公司概况

携程网成立于 1999 年，总部位于中国上海。作为中国领先的在线旅游平台，携程网提供广泛的旅游服务和产品，包括机票预订、酒店预订、度假套餐、旅游团购等，它通过互联网技术和移动应用程序，在线提供便捷的预订和支付方式，为用户提供个性化、全面的旅行体验。

携程网在"一带一路"倡议中发挥了重要作用。随着"一带一路"倡议的推进，越来越多的中国游客选择参观和探索中亚、东南亚、欧洲等地。携程网作为旅游服务业的领导者，积极响应国家政策，扩展其在"一带一路"区域的业务覆盖，它通过建立合作伙伴关系、开展市场推广和投资等方式，加强与"一带一路"沿线区域旅游界上下游的合作与交流（布局规划见图 7-1）。

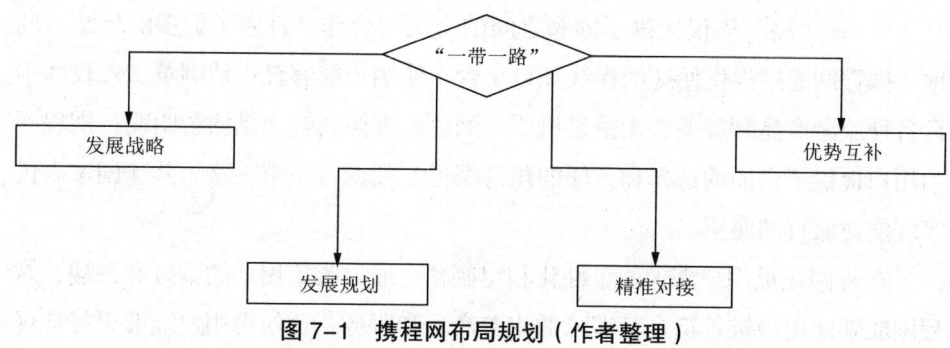

图 7-1 携程网布局规划（作者整理）

携程网不仅大力发展国内市场，也积极拓展海外市场。其公司在全球多个国家设立了办事处和分支机构，并与海外旅游供应商建立良好伙伴关系，为中国游客提供全球范围的旅游服务。携程网通过本地化运营、多语种客服和定制化产品等方式，满足不同国家和地区游客的需求。

作为"一带一路"倡议的受益者和推动者，携程网在旅游服务业中发挥了重要作用，它通过提供便利的在线预订平台和优质的客户服务，帮助游客规划和实现他们的旅行愿望。同时，携程网还促进了不同国家和地区之间的文化交流和商业合作，为旅游业的发展和经济增长做出了贡献。

携程网是中国最大的在线旅游服务提供商之一，其背景和发展与"一带一路"倡议息息相关。通过扩展业务覆盖范围、加强国际合作与交流，携程网在"一带一路"倡议中发挥了积极作用，为用户提供便捷的旅游预订服务，并推动了旅游业的发展和文化交流。

## 二、建设世界旅游新高地

### （一）提供便捷的旅游预订平台

"一带一路"倡议对旅游服务业带来了巨大的机遇和挑战，而携程网作为中国最大的在线旅游服务提供商，通过提供便捷的旅游预订平台，在"一带一路"倡议中发挥着重要的作用。上海合作组织产业链供应链论坛暨2023上海合作组织国际投资贸易博览会集中签约仪式在青岛·上合之珠国际博览中心举行，会上，携程集团就"共建上合文旅全球旅游传播中心项目"与上合控股集团成功签约，携项目落地青岛。

"一带一路"倡议促进了国家之间的交流与合作，打通了更多的旅游目的地。携程网通过提供便捷的在线预订平台，使用户能够轻松地浏览、比较和预订各种旅游产品和服务。无论是机票、酒店、度假套餐还是旅游团购，携程网为用户提供了全面的选择和方便的预订渠道，帮助"一带一路"共建国家人民实现便捷旅行的愿望。

携程网注重用户需求的个性化和定制化。通过收集用户的偏好和兴趣，携程网能够向用户推荐符合其需求的旅游产品和服务，这使得用户能够更好地规划和定制自己的"一带一路"旅行，满足不同用户群体的需求[①]。

携程网通过与全球范围内的旅游供应商建立合作伙伴关系，构建了庞大的供应链网络，这使得携程网能够为用户提供丰富的旅游选择，无论是国内还是国际，通过携程网，用户可以预订到"一带一路"共建国家的机票、酒店和旅游套餐，享受到全球领先的旅游产品和服务。

携程网提供多种方便快捷的在线支付方式，包括支付宝、微信支付等，这方便了用户在预订过程中的支付操作，提升了整体的预订效率。此外，携程网还提供多语言的客户服务，并通过在线客服、电话热线等渠道解答用户的问题和解决他们的疑虑，这为用户提供了良好的售后服务，增强了用户对携程网的信任感。

携程网通过数据分析和市场推广，为旅游供应商提供更准确的市场需求和趋势分析。携程网通过深入了解用户的喜好和购买行为，能够帮助旅游供应商优化产品和服务，并更好地满足用户需求。同时，携程网还通过市场推广活动，扩大"一带一路"共建国家的知名度和影响力，吸引更多的用户参与到旅游服务中[②]。如2023携程美食林全球餐厅精选榜在中国澳门地区巴黎人剧场正式发布，榜单共涵盖6000多家餐厅，包括国内67城和9个热门海外美食旅行目的地，该榜单还将持续寻味海外美食，预计将在全球覆盖100城。

---

① 张以，张霜."一带一路"倡议下外宣网站日译现状与对策研究——以长沙红色旅游资源外宣网站为例 [J]. 湖北开放职业学院学报，2020，33(14):184-185.
② Olena Shyian(奥莲娜·夕洋)."一带一路"倡议背景下中乌旅游合作潜力研究 [D]. 上海：华东师范大学，2020.

## （二）拓展国际业务范围

在"一带一路"倡议为旅游服务业带来的广阔的发展机遇中，携程网致力于提供在线旅游服务，在拓展国际业务范围方面发挥着重要的作用。"一带一路"倡议为中国与"一带一路"共建国家之间的贸易和合作创造了更多机会，促进了人员交流和旅游发展。携程网作为旅游服务行业的领军企业，通过积极拓展海外市场，设立办事处和分支机构，扩大了其在"一带一路"共建国家的业务覆盖范围，这使得携程网能够更好地满足中外游客的需求，提供全球化的旅游服务。

携程网与"一带一路"共建国家的旅游供应商建立了紧密的合作伙伴关系。通过与当地酒店、航空公司、旅行社等机构合作，携程网能够为用户提供更多样化和个性化的旅游产品和服务，这种合作伙伴关系不仅帮助携程网扩大了其旅游产品供应链，也促进了"一带一路"共建国家旅游业的发展。

携程网通过提供多语言的客户服务和本地化运营方式，满足了"一带一路"共建国家游客的需求。携程网在不同国家设立了本地团队，当地员工能够更好地与当地用户进行沟通和交流，这种本地化运营模式有助于建立用户信任，增加用户黏性，并为携程网赢得更多"一带一路"共建国家的市场份额。

携程网根据"一带一路"共建国家特色和需求，定制开发了适合当地用户的旅游产品和服务，这些定制化的产品包括特色线路、文化体验、主题旅游等，能够满足游客对独特体验和深度探索的需求。携程网的定制化服务使得游客能够更好地了解"一带一路"共建国家的历史、文化和风土人情，提升旅游体验的质量和深度。

携程网通过组织文化交流活动、艺术展览等方式，推动"一带一路"共建国家之间的文化交流与合作。携程网利用自身的平台和资源，为用户提供了更多了解和欣赏彼此文化的机会，这有助于增进友谊和相互理解，并促进中外之间在教育、艺术、体育等领域的合作与交流。

## （三）推动文化交流和合作

"一带一路"倡议为旅游服务业带来了推动文化交流和合作的重要机遇，作为中国最大的在线旅游服务提供商之一，携程网在这方面发挥了积极的作用。"一带一路"共建国家拥有丰富多样的历史、文化和民俗资源，携程网通过提供相关的旅游产品和线路，向全球用户展示这些多元文化。通过携程网，游客可以探索不同国家的历史名城、文化遗址、风景名胜等，深入了解并欣赏"一带一路"共建国家的独特文化魅力。

携程网积极组织和推广"一带一路"共建国家的文化体验活动，例如传统节日庆典、工艺品制作、民族舞蹈表演等，这些活动为游客提供了参与和互动的机会，让他们能够更好地感受和体验当地的文化传统，促进了游客与目的地之间的文化交流。

携程网通过合作和赞助艺术展览、音乐等领域的活动，促进了"一带一路"共建国家之间的艺术交流。携程网支持和推广跨国艺术展览、音乐会等文化活动，为艺术家和表演者提供更大的舞台和机会，增进了各国之间的文化交融与理解。

携程网积极推广"一带一路"共建国家的旅游教育项目，通过与学校和教育机构合作，携程网组织文化交流之旅、参观考察等活动，让年轻一代深入了解并体验不同国家的文化、习俗，从小培养他们的国际视野和文化交流意识。

携程网与"一带一路"共建国家的旅游机构、文化机构等建立紧密的合作伙伴关系，促进了双方在文化交流和合作方面的互利共赢，这些合作伙伴关系不仅帮助携程网拓宽了产品供应链，也为"一带一路"共建国家的文化资源和旅游项目提供了更广泛的推广渠道[①]。

携程网通过社交媒体平台，如微博、微信等，向全球用户分享"一带一路"共建国家的文化资讯、旅游体验和故事，这些平台成为用户之间分享旅行经历、互动交流的重要工具，进一步促进了文化交流和合作的发展。

### （四）提升旅游服务质量和标准

"一带一路"倡议为旅游服务业提供了提升旅游服务质量和标准的机会，在这方面携程网发挥了重要的作用。携程网致力于提供标准化的旅游服务，并通过一系列内部流程和控制机制确保服务质量的稳定性和一致性。携程网建立了严格的审核和评估体系，对合作伙伴进行资质核查和服务质量评估，以确保

---

① 朱淑芳. 从韦努蒂异化翻译观看"一带一路"背景下的福建旅游网站翻译[J]. 黑河学院学报，2020,11(02):124-126,171.

他们符合旅游行业标准和要求，这有助于提高"一带一路"共建国家的旅游服务水平，推动服务标准的统一化和提升。

携程网通过不断创新旅游产品和线路，满足消费者对多样化和个性化旅游体验的需求。针对"一带一路"共建国家的特色和需求，携程网开发了各种创新产品，包括文化体验、主题旅游、地方美食等，提升了旅游服务的品质和独特性。

携程网通过提供详尽和准确的旅游信息，增强了"一带一路"共建国家旅游市场的透明度。用户可以通过携程网了解目的地的交通、住宿、景点介绍、消费水平等信息，从而做出更好的旅游决策，这种信息透明度有助于提升旅游服务的可信度和质量，同时促进市场竞争和行业发展。

携程网重视旅游安全问题，并采取多项措施确保游客的安全和权益。携程网与合作伙伴共同制定旅游安全标准和应急预案，提供紧急救援、保险服务等，为"一带一路"共建国家的游客提供安全可靠的旅游体验。

携程网建立了完善的客户服务体系，及时处理用户的投诉和意见反馈。通过建立有效的投诉渠道和快速响应机制，携程网能够及时解决旅游中出现的问题，提高用户满意度和旅游服务质量。

携程网注重培养专业的旅游从业人员，并促进国际人才交流与合作。通过组织培训、论坛、研讨会等活动，携程网提升了"一带一路"共建国家旅游从业人员的专业素质和服务水平，这有助于推动旅游服务质量的整体提升，提供更优质的旅游服务体验。

### （五）创新技术和解决的方案

携程网利用互联网和移动互联网技术，为"一带一路"共建国家的旅游服务业带来了革命性的改变。通过在线预订、信息查询和支付等功能，携程网使用户可以便捷地规划和预订行程，获得实时的旅游资讯和服务，这种互联网技术的创新提升了旅游服务的效率和用户体验。

携程网利用大数据技术分析用户的行为和需求，为"一带一路"共建国家的旅游服务业提供个性化和定制化的推荐和建议。通过收集和分析海量的用户数据，携程网能够更好地了解用户的偏好和习惯，从而提供更个性化的旅游产品和更精准的服务。

携程网将人工智能技术应用于旅游服务业，提供了更智能和便利的解决方案。例如，通过自然语言处理和机器学习技术，携程网能够实现智能客服和在线咨询，为用户提供实时的问题解答服务和服务支持。人工智能技术的应用使得"一带一路"共建国家的旅游服务更加智能化和高效。

携程网通过实时通信和导航技术，为"一带一路"共建国家的游客提供实时的导航和定位服务。携程网的移动应用程序可以提供详尽准确的地图导航、交通信息和景点介绍等，帮助游客更好地了解目的地并规划行程，这种实时通信与导航技术的应用，提升了游客在旅途中的便利性和安全性。

携程网通过引入电子支付和结算系统，简化了"一带一路"共建国家的旅游消费流程。携程网与各地的合作伙伴一起建立了电子支付渠道，支持多种支付方式，提供便捷的支付体验，这种创新的支付和结算系统为游客提供了更方便和安全的消费方式，同时促进了旅游服务业的发展。

携程网通过对旅游数据的分析和预测，帮助"一带一路"共建国家的旅游服务业做出更科学和准确的决策。通过对用户行为、市场趋势和目的地需求等数据的深度分析，携程网能够预测旅游需求变化以及热门目的地的旅游趋势，为相关部门和企业提供决策参考。

## 第二节　实现互利共赢措施，促进长期合作发展

### 一、打造互利共赢的合作伙伴关系

#### （一）目的地推广

携程网与"一带一路"共建国家和地区的旅游局开展合作，共同推广各个目的地的旅游资源和特色。通过签署战略合作协议，双方共同制订推广计划并互相支持，携程网利用其平台优势和市场影响力，为目的地提供广告曝光、内容推广以及营销活动等支持。携程网与"一带一路"共建国家和地区的知名景区进行合作，将其纳入携程网的旅游产品和线路中。携程网为景区提供线上预订和售票服务，同时为用户提供相关的信息介绍、推荐和评价，提高景区的知

名度和吸引力。携程网还与"一带一路"共建国家和地区的旅行社建立合作关系，共同开发定制化的旅游产品和线路。携程网通过与旅行社的这种合作，将旅游服务整合为一体，并为用户提供便捷的预订和支付渠道，提高目的地的旅游接待能力。

携程网在其平台上提供详尽的"一带一路"共建国家和地区的目的地介绍和景点推荐，这些内容包括历史文化、自然风光、人文特色等方面的信息，以吸引用户对目的地的兴趣，并促使他们选择该目的地进行旅行。携程网通过举办一系列主题推广活动，突出"一带一路"共建国家和地区的独特魅力。例如，举办主题展览、文化交流活动和美食节等，展示目的地的文化、艺术、美食等特色，吸引更多的用户了解和参与。携程网利用大数据分析技术，根据用户的偏好和需求，推送"一带一路"共建国家和地区的旅游产品和线路。同时，携程网通过分析用户的搜索、点击、预订行为等数据，精准了解用户喜好并进行个性化推荐，提高了目的地的曝光度和销售量。此外，携程网与"一带一路"共建国家和地区的航空公司、酒店集团、交通运输公司等展开合作，共同推广目的地的旅游产品和服务，通过联合营销活动、优惠套餐和跨行业联盟，提供更具吸引力的旅游产品，增加用户对目的地的关注，提高他们的购买意愿。

### （二）定制化旅游产品

携程网提供基于不同主题的"一带一路"旅游线路，如历史文化考察、自然风光探索、美食文化体验等，这些线路根据目的地的特色和需求，结合各类旅游资源，为用户量身定制旅行计划，满足不同人群的兴趣和需求。针对家庭出行需求，携程网推出"一带一路"共建国家和地区的家庭亲子旅游产品，这些产品包括亲子主题酒店、亲子景点门票、亲子活动和儿童设施等，为家庭提供便捷、安全和有趣的旅行体验。针对追求高品质旅行体验的用户，携程网提供"一带一路"沿线的高端奢华旅游服务，这些产品包括高级酒店住宿、私人定制导游、私人飞机包机等，为用户提供尊贵、舒适和个性化的旅行体验。携程网还推出了一些少数民族文化体验旅游产品，让游客深入了解"一带一路"共建国家和地区的多元文化，促进文化交流和理解，这些文化产品包括参与传统节日庆典、学习手工艺技能、与当地居民互动交流等。

携程网的"一带一路"旅游定制化产品注重个性化需求。用户可以根据自己的偏好、时间和预算等因素，选择合适的目的地、主题和行程安排，从而获得个性化的旅行体验。携程网的旅游规划师团队为用户提供专业的旅行规划指导。他们根据目的地的特色和用户的需求，提供建议和方案，并协助用户制定详细的行程安排，确保旅行顺利进行。携程网与"一带一路"沿线的优质旅行社和供应商合作，确保定制化旅游产品的质量和安全。通过筛选可靠的合作伙伴、严格的产品审核和服务监控，保障用户的旅行品质和权益。携程网为用户提供全程的旅游服务，包括机票预订、酒店住宿、交通接送、导游陪同等，用户可以通过携程网平台一站式解决所有旅行需求，享受便捷、高效和全面的服务。

### （三）旅游资源整合

携程网与"一带一路"共建国家和地区的旅游部门、景区和旅行社等进行合作，共同整合和推广旅游资源。通过与目的地合作伙伴建立紧密的合作关系，携程网可以获取各类旅游资源的信息，并将其整合为旅游产品和线路供用户选择。携程网利用大数据技术，分析用户的搜索、点击和购买行为，了解用户对"一带一路"沿线目的地的需求和偏好。基于这些数据分析结果，携程网可以有针对性地整合和推荐旅游资源，提供更符合用户需求的旅游产品和线路。携程网与"一带一路"共建国家和地区的旅行社建立合作关系，共同整合旅游资源并开发定制化的旅游产品，同时将各类旅游服务整合为一体，提供便捷的预订和支付渠道，为用户提供全面的旅游体验。

携程网通过"一带一路"沿线的资源整合，提供了丰富多样的旅游资源。无论是历史文化遗址、自然景观还是民俗风情，携程网都能通过整合不同目的地的旅游资源，满足用户对多样性旅行体验的需求。同时，在旅游资源整合方面携程网注重个性化定制。通过深入了解用户的需求和偏好，携程网为不同用户提供独特的旅游产品和服务，帮助他们实现个性化的旅行体验。携程网拥有先进的技术平台和大数据分析能力，可以快速获取和整合旅游资源，并通过数据驱动的模式，精准地推荐合适的旅游资源给用户，提高用户满意度和旅游产品的销售量。

### （四）旅游人才培训和交流

携程网通过在线学习平台提供"一带一路"旅游相关的培训课程，这些课程涵盖了旅游管理、导游服务、跨文化交流等内容，为从业人员提供系统的专业知识和技能培训，提升其服务水平和竞争力。携程网组织"一带一路"共建国家和地区的旅游人才参加实地培训和考察活动。通过实地接触和学习，培训人员可以深入了解目的地的旅游资源和文化特色，提高对当地旅游产品和服务的理解和认知。携程网邀请"一带一路"沿线旅游业的专家和学者共同开展讲座和研讨会，这些活动涵盖了旅游业的最新发展趋势、市场分析和最佳实践等内容，为旅游从业人员提供与专家面对面交流和学习的机会。

携程网与"一带一路"共建国家和地区的政府旅游部门开展合作，共同推动旅游人才培训和交流。政府机构提供政策支持和资源整合，携程网则通过技术平台和专业能力，为政府培训计划的实施提供支持。携程网与高校、职业培训机构等教育机构合作，开展"一带一路"旅游人才培训项目，借助教育机构丰富的教学资源和专业师资，为旅游从业人员提供系统化的培训课程。携程网与"一带一路"沿线的旅游行业协会和组织建立合作关系，充分利用其行业资源和专业网络，共同推动行业人才培训和交流，为旅游人才提供更广阔的发展机会。

### （五）旅游科技创新

携程网利用大数据和人工智能技术，对用户行为和偏好进行分析，精准推荐旅游产品和服务。同时，通过数据分析，携程网可以实时监测市场需求和趋势，优化供应链管理和资源配置。携程网运用虚拟现实和增强现实技术，提供沉浸式的旅游体验。用户可以通过虚拟现实技术实现线上参观景点、游览目的地，而增强现实技术则能够为用户提供互动式的导览和解说服务。携程网利用无人机和航拍技术，为用户提供更全面、更真实的目的地信息和景点展示，用户借助携程网平台，可以预览和探索"一带一路"沿线的壮丽自然风光和人文景观。携程网应用区块链技术提供可追溯的旅游产品和服务，通过区块链技术记录和验证交易信息，增强用户对旅游行业的信任，为用户提供更安全、透明的旅游交易环境。

## 二、推动区域旅游经济一体化

携程网与"一带一路"共建国家和地区的政府和企业合作，共同推动旅游基础设施的建设和升级。例如，在中国与柬埔寨的合作中，携程网参与了柬埔寨旅游基础设施的规划和建设，提供技术支持和市场推广，促进了柬埔寨旅游业的发展。

携程网与"一带一路"共建国家和地区的旅游机构合作，获得更多的目的地信息和旅游资源，共同推广目的地旅游。例如，在中国与泰国的合作中，携程网携手泰国旅游局，通过线上推广渠道和线下营销活动，吸引更多游客前往泰国旅游，促进了两国之间的旅游交流与合作。携程网与"一带一路"共建国家和地区的旅游机构合作，共同开展市场推广和产品创新，开发具有特色的旅游产品。例如，在中国与俄罗斯的合作中，携程网联合俄罗斯旅游机构，推出了"丝绸之路游""贝加尔湖游"等线路，为游客提供了独特的旅游体验。又如，携程网与"一带一路"沿线的酒店、航空公司、旅行社等企业合作，共同打造旅游产品和线路，提供一揽子的旅游服务。

# 第八章 交通运输业——以亚洲航空公司（AirAsia）为例

在"一带一路"倡议的大背景下，交通运输业的重要性愈发凸显。亚洲航空公司（AirAsia），作为亚洲知名的低成本航空公司，不仅在区域内拥有广泛的航线网络，还积极响应"一带一路"倡议，努力拓展国际航线，为共建国家和地区的经济、文化交流搭建空中桥梁。"一带一路"倡议的推进，对交通运输业提出了更高的要求。亚洲航空公司紧跟时代步伐，通过不断提升服务品质和运营效率，成功打造了一个连接世界各地的航空网络。这不仅极大地方便了人们的出行，也为共建国家和地区的旅游、商务活动提供了强有力的支持。旅游与商务的双轮驱动，是亚洲航空公司在"一带一路"倡议下探索出的新模式。通过深度挖掘市场需求，亚洲航空公司不仅推出了多样化的旅游产品，还为商务旅客提供了高效、便捷的航空服务，进一步促进了区域经济的交流与合作。

## 第一节　亚洲航空公司概况

### 一、公司简介

亚洲航空公司是一家总部位于马来西亚的低成本航空公司，成立于1993年。作为"一带一路"倡议中交通运输业的参与者，亚洲航空公司积极开展国际航线的拓展，促进沿线各国之间的商贸和旅游往来。亚洲航空公司还通过建立合作伙伴关系、联合营销和推出旅游套餐等方式，推广"一带一路"沿线目的地的旅游资源。此外，亚洲航空公司还在数字化和科技创新方面进行探索：公司致力于提升客户体验，通过在线预订、机上无线网络和移动应用等技术手段为乘客提供便利；公司积极发展数字支付和电子商务平台，为乘客提供全方位的服务。

亚洲航空公司作为"一带一路"倡议中交通运输业的参与者，在提供低成本航空服务的同时，通过国际航线拓展和合作伙伴关系建设，促进了"一带一路"共建国家之间的交流与合作，并为旅客提供了多样化的航空服务选择。亚洲航空公司积极参与航空联盟，如亚洲航空联盟（Asia Airline Alliance）。作为航空联盟成员，亚洲航空公司与其他成员航空公司合作，共享资源和服务，提供更广泛的航线网络和联程运输选项，这种合作有助于增加"一带一路"共建国家之间的航空连接。亚洲航空公司以提供经济实惠的航空服务而闻名，这一特点也在"一带一路"倡议中得到体现。公司采取了优化运营成本、提高效率的措施，以保持竞争力，为乘客提供经济实惠的机票价格，这有助于促进"一带一路"共建国家和地区的人员流动和商务交往。为满足不断增长的需求，亚洲航空公司进行了机队扩容和更新计划。公司订购新的飞机，并逐步淘汰老旧机型，以提高航班的容量和效率，这样做可以支持更多航线的开通和频次增加，满足"一带一路"共建国家和地区对航空运输的需求。

亚洲航空公司通过优化航班时间表，使得航班安排更合理和高效。公司根据市场需求和乘客出行习惯，调整航班时刻表，提供更多选择和更好的时间连接，这有助于方便旅客的行程安排，并提高航空服务的吸引力。为提供更好的乘客体验，亚洲航空公司加强了机场地面服务。公司投资改善机场设施、增加登机柜台和自助办理设备，提升旅客的出行便利性，这对于"一带一路"沿线乘客的舒适和效率至关重要。

## 二、合作与推广模式

亚洲航空公司与"一带一路"共建国家和地区的航空公司建立代码共享合作关系。通过与其他航空公司签署协议，让乘客获得在不同的航空公司之间实现无缝衔接的航班转机服务，这种合作模式扩大了航班网络覆盖范围，为乘客提供更多选择和便利[①]。

亚洲航空公司通过广告宣传、品牌营销和社交媒体推广等方式，加强在"一带一路"共建国家和地区的品牌影响力。公司充分利用其知名度和口碑，通过营销策略和宣传活动，向全球推广当地独特的旅游资源，吸引更多乘客选择亚洲航空公司作为他们前往"一带一路"沿线目的地的首选航空公司。同时，公司积极参与展览、会议和旅游活动，提升品牌知名度，并与相关行业伙

---

① 蔡文强，代洪娜，刘春光．"一带一路"背景下交通运输类高校校企合作模式研究[J]．佳木斯大学社会科学学报，2023，41(03):172-174.

伴建立良好的合作关系[①]。为满足不同旅客的需求，亚洲航空公司提供定制化的旅游产品。公司与当地旅游机构合作，开发各类旅游套餐、主题旅游和文化体验活动，提供丰富多样的选择，这有助于吸引旅游者前往"一带一路"共建国家和地区，推动旅游业的发展。

为方便旅客的行程安排，亚洲航空公司积极开展与"一带一路"共建国家和地区的酒店的合作，提供机票和住宿套餐。通过航空与酒店的联动销售，旅客可以在预订机票的同时，获得优惠的酒店住宿价格，这种合作模式促进了旅游和商务往来的便利性和经济性。

亚洲航空公司定期组织旅游推广活动，包括旅游展览、主题路线推介、旅游路演等。公司邀请"一带一路"共建国家和地区的旅游局、景区和旅行社参与，展示各地的旅游资源和特色，这有助于增加旅游目的地的知名度，吸引更多游客光顾。

亚洲航空公司为大型团体、企业和政府组织提供包机服务。通过安排包机航班，满足团体出行需求，提供定制化的航班时间和行程安排，这对于促进商务会议、活动和文化交流具有重要意义。为促进商务往来，亚洲航空公司与"一带一路"共建国家和地区的商界建立合作关系。公司与企业、商会和行业协会合作，提供专属机票优惠、商务旅行服务和定制化航空解决方案，这有助于推动商务往来的频繁发生，促进经济合作和投资[②]。

---

[①] 谢迎姿. "一带一路"倡议对我国交通运输企业财务绩效影响研究[D]. 大庆: 东北石油大学, 2023.
[②] 翟庆奇. "一带一路"下交通运输经济面临的问题及对策[J]. 中国储运, 2022, (05):134-135.

## 第二节 亚洲航空公司与"一带一路"的联动

亚洲航空公司是一家在"一带一路"倡议中积极参与的航空公司,它通过一系列措施促进交通运输业的发展和区域间的连接。

首先,亚洲航空公司致力于扩大其航线网络,加强"一带一路"共建国家和地区之间的航空连接。通过与当地航空公司签订代码共享协议、联合营销协议、互惠协议等方式,亚洲航空公司能够增加航班频次和航线覆盖范围,提高整体航空网络的效益,这种合作模式可以优化资源配置、提供更多的航班选择,并提升乘客的出行体验。通过增加直飞航班、提供多样化的航点选择,亚洲航空公司使得旅客能更方便地前往"一带一路"沿线目的地,为商务和旅游客流提供了便利。亚洲航空公司致力于进行数字化转型,提升乘客体验和运营效率。公司通过在线预订系统、移动应用程序和自助服务等技术手段,为乘客提供便捷快速的航空服务。乘客可以通过手机应用程序实现在线选座、行李托运等操作,从而节省时间和精力。此外,亚洲航空公司还积极发展数字支付和电子商务平台,简化交易流程,提高用户便利性。除了乘客航班,亚洲航空公司还在"一带一路"倡议中发挥着重要的物流和货运角色。公司通过建立合作伙伴关系和开拓物流网络,提供高效可靠的货运服务,这为"一带一路"共建国家和地区的贸易和物资运输提供了支持,促进了区域间的商贸合作。亚洲航空公司鼓励员工之间的跨文化交流和培训,以提高跨国合作能力和服务水平。公司提供多样化的培训计划和交流机会,使员工能够更好地理解"一带一路"共建国家和地区的文化差异,并提供更适应当地市场需求的服务。

其次,亚洲航空公司通过与"一带一路"共建国家和地区的旅游机构和政府合作,共同推动旅游业的发展。公司利用自身品牌影响力和专业知识,参与目的地的旅游资源推广和营销活动。通过联合营销、打包产品和旅游资源推广等手段,亚洲航空公司吸引更多游客来到"一带一路"沿线地区旅游,促进了当地经济的发展。

此外，亚洲航空公司积极参与"一带一路"相关的论坛和活动，与政府官员、业界领导者和专家进行交流和合作。公司代表参加高峰论坛、会议和研讨会等活动，分享经验、洞察市场趋势，并与相关利益方共同探索创新的解决方案。通过这些交流平台，亚洲航空公司能够了解最新的政策和发展动态，为公司在"一带一路"共建国家拓展业务提供指导和支持。

亚洲航空公司致力于环境保护和可持续发展，在"一带一路"倡议中推动绿色航空交通。公司采取措施降低碳排放、节能减排，并积极参与可再生能源项目。这些举措有助于减少航空业对环境的影响，促进可持续发展和生态保护。亚洲航空公司在"一带一路"倡议中支持和参与基础设施建设项目。例如，公司可以为新建或改建的机场提供航班服务，促进当地经济发展和人员往来。

# 第九章 文化与创意产业——以乐高集团（Lego Group）为例

随着全球化的推进和科技的飞速发展，文化与创意产业逐渐成为驱动经济增长、塑造国家形象的新引擎。在这一背景下，乐高集团，即 Lego Group，作为玩具与娱乐行业的佼佼者，其独特的品牌魅力和创新实践使其成为文化创意产业发展的典范。乐高集团不仅致力于产品的创新与品牌建设，还通过跨界合作、市场拓展等方式，不断推动文化创意产业的向前发展。特别是在"一带一路"倡议下，乐高集团积极参与共建国家的文化交流与合作，为不同文化背景下的孩子们提供了寓教于乐的创意产品，增进了各国之间的友谊和理解。"一带一路"倡议为文化创意产业提供了广阔的发展空间和无限的合作可能，乐高集团的实践表明，通过积极参与国际合作与交流，文化创意产业不仅可以实现自身的快速发展，还可以为不同国家和地区之间的文化交流搭建桥梁，促进世界的和谐与繁荣。本章深入探讨乐高集团在文化与创意产业中的独特实践和创新精神，以及"一带一路"倡议为其带来的机遇与挑战。

## 第一节　乐高集团公司概况

### 一、公司背景

乐高集团是一家丹麦的玩具集团公司，成立于 1932 年。该公司以生产塑料积木玩具而闻名于世，并成为全球领先的玩具制造商之一。乐高的名称来自丹麦语单词"leg godt"，意为"玩得开心"。乐高集团在"一带一路"倡议中的参与主要集中在文化与创意产业领域。作为一家拥有悠久历史和世界知名度的玩具公司，乐高集团通过与"一带一路"共建国家和地区的合作伙伴联手，推广了产品、品牌和教育理念，促进了文化交流和创意产业的发展。

乐高集团致力于通过玩乐和创造的方式培养儿童的想象力、创造力和问题解决能力。在"一带一路"共建国家和地区，乐高集团与当地教育机构、学校和政府合作，推广其教育产品和教育方法，帮助儿童培养创造力和逻辑思维能力。乐高集团通过推出主题套装和特别版产品，向"一带一路"共建国家和地区介绍丹麦文化和其他国家的传统文化，这些产品鼓励儿童了解和探索不同文化，并促进跨文化交流和理解。乐高集团与"一带一路"共建国家和地区的创意产业企业展开合作，共同推动创意产业的发展。乐高集团在"一带一路"共建国家和地区积极参与社会责任项目，例如支持儿童教育、环境保护和社区发展等，这些项目旨在改善当地儿童的学习条件，提供机会给弱势群体，并减少对环境的负面影响。

乐高集团作为一家具有全球影响力的玩具公司，在"一带一路"倡议的大背景下，通过教育合作、文化交流、创意产业合作和参与社会责任项目等方式，为促进文化和创意产业的发展做出贡献，同时，乐高集团通过其独特的玩具产品和教育理念，为"一带一路"共建国家和地区的儿童带来了乐趣、教育和启发。

## 二、产品创新与品牌建设：一个不可分割的双赢战略

乐高集团的核心产品是积木玩具，它由各种彩色塑料积木块组成，可以随意组合和搭建出各种形状和结构。这些积木玩具不仅具有高度的创造性和娱乐性，还能培养儿童的想象力、创造力和问题解决能力。乐高集团的积木产品在"一带一路"共建国家和地区深受欢迎，为当地儿童提供了一个自由发挥和创造的平台。乐高集团定期推出特别系列的Lego（乐高）积木产品，其中包括与电影、动画片、漫画书等IP（知识产权）合作的产品。通过与"一带一路"共建国家和地区的文化和艺术合作伙伴合作，乐高集团创造了一系列具有当地特色和文化元素的特别系列产品，这些产品不仅丰富了乐高集团的产品线，还展示了不同文化之间的交流与融合。

乐高集团以其独特的品牌价值观而闻名，包括创造力、想象力、质量和教育性。乐高积木鼓励儿童通过玩乐和创造来发展他们的大脑和技能，培养解决问题的能力，这个价值观在"一带一路"共建国家和地区得到了广泛认可和接受，乐高积木成为当地家庭和学校中的常见玩具，并成为许多教育项目的一部分。乐高集团积极参与"一带一路"共建国家和地区的文化和创意活动，如公司与当地艺术家、设计师和教育机构合作，举办各种创意工坊、展览和比

赛，鼓励儿童和年轻人发挥他们的创意和想象力，这些活动不仅促进了当地创意产业的发展，还增加了社区的互动和参与度。乐高集团还在"一带一路"共建国家和地区积极开展社会责任项目，支持儿童教育、环境保护和社区发展等。例如，公司与当地教育机构合作，提供乐高系列教具和教育方案，促进儿童的学习和发展；同时，公司还注重环境可持续性，推动塑料积木的回收和再利用。

作为一家注重教育的公司，乐高集团与"一带一路"共建国家和地区的教育机构合作，开展创新的教育项目，这些项目利用乐高积木玩具作为教学工具，促进儿童的科学、技术、工程和数学（STEM）能力的发展。通过与学校、教师和教育专业人士的合作，乐高集团在培养儿童的创造力、逻辑思维和问题解决能力方面发挥了重要作用。除了传统的塑料积木产品，乐高集团还推出了数字化产品和游戏，结合了虚拟现实、增强现实和编程技术，这些产品鼓励儿童运用创意和逻辑思维进行游戏和学习。在"一带一路"共建国家和地区，乐高集团的数字化产品和游戏受到了广泛欢迎，它们提供了一种新颖而有趣的方式来培养儿童的创造力和科技素养。乐高集团在"一带一路"共建国家和地区建立了多个品牌体验中心和主题公园，为儿童和家庭提供全方位的乐高品牌体验，这些中心和公园展示了丰富多样的乐高产品和创意活动，吸引了大量游客和玩家；同时，它们也成为当地旅游业的重要亮点，促进了旅游和文化产业的发展。

乐高集团通过其创新的积木产品、特别系列产品、教育合作项目、数字化产品和游戏以及品牌体验中心和主题公园等方式在"一带一路"倡议中推广文化与创意产业。通过这些努力，乐高集团不仅为儿童提供了具有教育和娱乐价值的玩具，还促进了当地文化交流、教育发展和创意产业的繁荣。

### 三、文化创意产业：重塑全球地位的新引擎

乐高集团的产品和品牌具有强烈的文化特色，并能够将不同文化元素融入其中。通过推出特别系列产品和IP合作，乐高集团将当地的传统文化、艺术和故事融入积木玩具中，使人们能够在玩耍的同时了解和体验不同文化，这种文化传承和融合有助于增进各国人民之间的相互理解和友谊，促进跨文

化交流。

乐高集团通过其积木产品和教育项目，激发和培养了儿童和青少年的创造力和想象力。乐高积木鼓励孩子们自由组合和创作，培养了他们的创造性思维和问题解决能力，这对于文化创意产业的发展至关重要，因为它为未来的艺术家、设计师和创意人才储备了源源不断的潜力。

乐高集团在"一带一路"共建国家和地区积极参与教育合作项目，为儿童提供创意教育和学习支持。通过与当地教育机构和学校的合作，乐高集团提供了丰富的教育资源和工具，帮助儿童培养创造力、逻辑思维和团队合作能力，这种教育支持有助于培养文化创意产业所需的专业人才，并推动创新和技术进步。

乐高集团与"一带一路"共建国家和地区的创意产业、企业开展合作，共同推动创意产业的发展。合作内容包括联合设计和生产特别系列的乐高积木产品，支持当地创意人才培养和创意产业的技术升级。通过这种合作，Lego 提供了创意产业发展所需的资源和创新思维，促进了文化创意产业的繁荣。

乐高集团在"一带一路"共建国家和地区积极开展社会责任项目，支持儿童教育、环境保护和社区发展等领域，这些项目不仅改善了当地儿童的学习条件，还为他们提供了更多的机会和希望。

乐高集团作为国际知名品牌，其产品和品牌在全球范围内享有广泛的认可和影响力，这使得其能够在"一带一路"共建国家和地区更好地推广文化创意产业。当人们购买和使用乐高产品时，也在传播和分享乐高集团的创意文化，进一步促进了文化创意产业的发展。

乐高集团通过品牌体验中心、社区活动和在线平台等途径，鼓励儿童和家庭积极参与创意活动，这种社区参与不仅促进了人与人之间的社交互动，还创造了一个共享和学习的环境。其产品和活动成为社区内的连接纽带，增强了社区凝聚力和文化创意产业的推动力。

乐高集团积极推动技术创新与数字化转型，将传统的玩具制造业与现代科技相结合。例如，乐高集团推出了数字化产品、教育编程工具和与虚拟现实相关的体验等，这种技术创新为文化创意产业带来了新的发展机遇，激发了更多创意、艺术和设计领域的交叉合作。

乐高集团在文化创意产业中的地位不仅体现在其产品和品牌的文化传承和创新方面，还表现在与"一带一路"共建国家和地区的合作、教育支持、社会责任项目以及技术创新等方面。通过这些努力，乐高集团促进了文化创意产业的发展和推广，并为儿童和社区提供了一个积极参与和创造的平台。

## 第二节 市场合作的现状与前景

### 一、协同共进：市场合作的现状与趋势

乐高集团通过与"一带一路"共建国家和地区的分销商和零售商合作，将其产品引入当地市场，这些合作伙伴通过建立销售网络、开设专卖店和开通在线销售渠道等方式，向消费者提供乐高集团的产品。在"一带一路"共建国家和地区，乐高集团的产品受到了广泛的欢迎和认可，通过市场合作实现了销售增长和品牌推广。

为了满足不同国家和地区的文化需求，乐高集团与"一带一路"共建国家和地区的特别系列产品和 IP 进行合作，这包括与当地知名电影、动画、文学作品等合作，推出独特的乐高套装和主题，从而更好地满足消费者的需求，并促进当地文化创意产业的发展。

为了更好地了解"一带一路"共建国家和地区的市场需求和消费者偏好，乐高集团积极进行市场调研和消费者洞察。通过深入了解当地文化、教育环境和经济状况等因素，乐高集团能够针对性地开发产品，并提供更符合当地消费者需求的体验和服务。

乐高集团与"一带一路"共建国家和地区的教育机构和学校合作，推广创意教育项目和资源，这些合作包括培训教师、开展教育活动、提供教学材料等。通过与当地教育机构紧密合作，乐高集团更好地将其产品和教育理念融入当地教育体系，并推动文化创意产业与教育之间的互动与发展。

乐高集团在"一带一路"共建国家和地区积极参与创意产业生态系统的建设。通过与当地的创意企业、设计师、艺术家等进行合作，乐高集团促进了创

意产业的协同发展和交流。例如，与当地艺术家合作设计特别版积木套装，与当地创意企业共同开展推广活动等，这种合作有助于加强当地创意产业的实力和国际竞争力。

乐高集团通过技术转移和产业升级的方式，在"一带一路"共建国家和地区推动创意产业的发展。例如，在数字化领域，乐高集团提供了教育编程工具和虚拟现实体验等创新产品。同时，乐高集团与当地企业合作，进行技术交流与合作研发，促进当地创意产业的技术升级和创新能力的提升。

乐高集团与"一带一路"共建国家和地区的品牌合作伙伴开展联合推广活动，这包括与当地媒体、影视公司、主题公园等合作，共同举办宣传活动、展览和促销活动。通过这些合作，乐高集团扩大了品牌知名度，增加了消费者对其产品的认知度，并进一步拓展了市场份额。

乐高集团积极与"一带一路"共建国家和地区的地方政府进行合作，获得相关政策支持和资源优势。通过与政府合作，乐高集团能够更好地理解当地的法规和商业环境，并在政策引导下开展业务，并同时获得市场准入、土地使用和人才培养等方面的支持。

乐高集团注重在"一带一路"共建国家和地区的社会责任和本地化建设。通过开展社会责任项目，如教育支持、环境保护和公益活动，乐高集团表达了对当地社区的关怀与回馈。此外，乐高集团还注重在当地建立本地化团队和生产基地，提供就业机会和经济增长，助力当地创意产业的发展。

作为国际领先的玩具制造商，乐高集团积极参与"一带一路"共建国家和地区的知识共享和合作交流，这包括参与行业峰会、研讨会和培训活动，与当地企业和机构进行经验分享和合作研究。通过这种交流与合作，乐高集团能够了解不同国家和地区的市场动态和发展趋势，并借鉴最佳实践，提升自身在文化与创意产业中的竞争力。

乐高集团在"一带一路"文化与创意产业中通过产品销售与分销、特别系列产品与IP合作、市场调研与消费者洞察、教育合作与项目推广、创意产业生态系统建设、技术转移与产业升级、品牌推广与活动合作、地方政府合作与政策支持、社会责任与本地化建设以及知识共享与合作交流等方式开展市场合作，促进了"一带一路"共建国家和地区文化创意产业的发展，并为乐高集团自身在该地区的业务增长和品牌建设提供了有力支持。

## 二、"一带一路"倡议中的参与

乐高集团通过与"一带一路"共建国家和地区的分销商和合作伙伴合作，积极开拓市场，并建立起广泛的销售网络。通过与当地合作伙伴的相互支持，Lego能够更好地推广其产品，并满足消费者的需求。

为了适应不同国家和地区的文化特点和消费者需求，乐高集团进行了产品定制和本地化的努力。他们与"一带一路"共建国家和地区的合作伙伴合作，设计和开发与当地文化相关的主题和套装，这种本地化的做法有助于提高产品的吸引力和市场竞争力。

乐高集团与"一带一路"共建国家和地区的教育机构合作，推动创意教育项目的开展。他们为教育机构提供培训和支持，帮助教师和学生了解乐高的教育理念和创意潜能。通过这种合作，乐高集团在"一带一路"沿线地区推广了创新的教育理念，并促进了文化与创意产业的培养和发展。

乐高集团积极推动技术创新和数字化转型，并在"一带一路"倡议中开展相关合作。他们与当地科技企业合作，推出与虚拟现实、增强现实和教育编程等领域相关的产品和项目。通过将传统的玩具制造业与现代科技相结合，乐高集团展示了其在技术创新方面的领导地位，为文化与创意产业注入了新的活力。

乐高集团积极参与"一带一路"共建国家和地区的文化交流和艺术合作。他们与当地艺术家、设计师和文化机构合作，举办展览和艺术活动，共同探索文化创意的可能性[1]。通过与当地的艺术界建立合作关系，乐高集团促进了不同文化之间的对话和交流，推动了文化与创意产业的跨界合作。

作为一家具有社会责任感的企业，乐高集团在"一带一路"倡议中注重可持续发展和社会责任的实践。他们与当地社区合作开展公益活动、环保项目和教育支持等。通过这些举措，乐高集团积极回馈社会，推动文化与创意产业的可持续发展。

乐高集团致力于在"一带一路"共建国家和地区建立创意产业生态系统。他们与当地的创意企业、设计师和初创公司合作，共同探索创新的商业模式和

---

[1] 李琳."一带一路"国家文化创意产业演化图谱与中国新定位[J].江汉学术，2020，39(05)：98-109.

合作方式，这种合作有助于推动当地创意产业的发展，促进创意人才的培养和交流，并推动整个创意产业生态系统的协同发展①。

作为"一带一路"倡议的重要方向之一，文化遗产保护与传承也成为乐高集团的关注领域。他们与"一带一路"共建国家和地区的文化机构和专家合作，致力于保护和传承当地的文化遗产。通过将文化元素融入产品设计和教育项目，乐高集团不仅推广了当地文化，还提高了人们对文化遗产的认知度和保护意识。

乐高集团重视青少年教育和技能培训。乐高集团与当地教育机构、学校和培训中心合作，提供创意教育项目和资源，培养青少年的创造力、解决问题的能力和团队合作精神。通过这些教育合作，乐高集团帮助年轻一代培养创新思维和创造性表达的能力，为他们未来的职业发展奠定坚实基础。

乐高集团还积极参与跨界合作和创新实验。他们与不同行业的企业和组织合作，探索文化与创意产业与科技、数字经济、旅游等领域的交叉融合。通过创新实验和共同研发，乐高集团推动了不同领域之间的协同创新，为"一带一路"共建国家和地区的经济发展注入新的动力。

通过以上这些参与举措，乐高集团推动了创意产业的增长和创新，促进了文化交流与合作，并为当地经济和社会发展做出了积极贡献。

---

① 宋佳昱，张云崖."一带一路"与民族传统体育"非遗"文化创意产业的融合及发展 [C]// 上海体育学院，中国体育科学学会武术与民族传统体育分会，全国学校体育联盟（中华武术）. 体育非遗与健康生活——2020年全国体育非物质文化遗产学术研讨会摘要汇编. 中国体育科学学会，2020:138-139.

# 第十章 旅游酒店业

在"一带一路"的推动下，旅游合作已成为促进国际交往、增进文化理解和推动经济发展的重要手段。而酒店业作为旅游产业的重要支柱，在旅游合作中发挥着重要作用。随着中国与肯尼亚双边关系全面、快速发展，跨境旅游酒店合作成为推动旅游业创新发展的重要途径。中国—肯尼亚内罗毕雅阁大酒店的旅游合作，就是这样一个跨越国界、文化互通的典型案例。中国—南非开普敦四季酒店通过资源互补、市场扩张、技术交流、服务提升等途径为"一带一路"沿线游客提供了方便。在"一带一路"倡议下，中国—希腊圣托里尼卡尔刻拉度假村合作项目是中希双方在旅游业领域合作的里程碑，度假村现已成为中希人民友好交流的重要平台。中国企业通过投资和技术合作，共同开发和建设高品质度假村，提供优质的住宿、餐饮、旅游娱乐等服务，促进了当地经济的发展，并提升了旅游服务水平和国际竞争力。

## 第一节　中国—肯尼亚内罗毕雅阁大酒店旅游合作案例

### 一、案例背景

肯尼亚内罗毕雅阁大酒店，作为雅阁酒店集团旗下的重要成员，代表着非凡品质，并成为中非合作与文化交流的一个窗口。酒店位于肯尼亚首都内罗毕，这个地理位置赋予其特殊的战略价值。内罗毕，作为非洲的经济和文化中心，吸引着众多商务和休闲旅客。而雅阁大酒店，凭借优质的服务和一流的设施，已成为这座城市的亮点。

酒店拥有 231 间客房，包括双床房、套房等多种房型。其设计巧妙地融合了非洲传统元素和现代奢华风格，为宾客提供了多样化的住宿选择。酒店内的 700 多平方米全日制餐厅、1200 平方米的维多利亚宴会厅及多个小型会议室均配备先进的会议多媒体设备，满足各种商务会议和社交活动的需求[①]。此外，酒店的户外露台提供 360° 的广阔视野，让宾客在品味美食的同时，也能欣赏内

---

① 绚丽新篇 | 肯尼亚内罗毕雅阁大酒店，"一带一路"新城市地标 [EB/OL].（2023-11-17）[2024-05-20].https://mp.weixin.qq.com/s/QqmTligDFV7H7WjfY7oFRA.

罗毕的美丽风景。

除了硬件设施，肯尼亚内罗毕雅阁大酒店还以国际化的服务标准和专业的团队管理而闻名。酒店致力于传递"优雅之美"的服务理念，为每一位宾客提供周到的服务。这种服务理念体现在客房的清洁和整理上，也体现在对宾客需求的快速响应和个性化服务的提供上。

2023年是中肯建交60周年，这为肯尼亚内罗毕雅阁大酒店的发展提供了更广阔的政治和经济背景。60年来，中肯两国保持密切关系，肯尼亚是中国在非洲的重要合作伙伴。在这样的历史背景下，肯尼亚内罗毕雅阁大酒店不仅成为中非商务交流的平台，也推动了当地旅游业的发展。

酒店周边的交通设施便捷，蒙内铁路、内马铁路和内罗毕快速路等项目的完善节约了旅行时间，使酒店成为探索肯尼亚的理想出发点。从酒店出发，宾客可轻松前往马赛马拉国家公园体验游猎，或乘坐列车直达蒙巴萨港口，欣赏乞力马扎罗山的壮丽景色。

在市场推广方面，肯尼亚内罗毕雅阁大酒店也做出积极努力。酒店利用官方网站、社交媒体和合作伙伴等渠道进行广泛宣传，吸引大量国内外游客。同时，酒店还积极参与当地的社会公益活动和文化交流活动，提升品牌知名度和美誉度。

肯尼亚内罗毕雅阁大酒店凭借优越的地理位置、豪华的硬件设施、专业的服务团队和丰富的市场推广经验，在中非文化交流与合作中发挥着重要作用。它不仅为商务和休闲旅客提供高品质的住宿体验，更成为中非友谊与合作的重要见证和桥梁。在未来，肯尼亚内罗毕雅阁大酒店将继续秉持"优雅之美"的服务理念，为推动中非文化交流与合作贡献力量。

## 二、共创繁荣：区域旅游发展与合作的探索与实践

在区域旅游发展与合作的探索中，肯尼亚内罗毕雅阁大酒店的成功实践提供了宝贵的经验，并指出了明确的实践方向。这一成功的案例，凸显了合作的关键性，展示了创新与融合在提升旅游服务品质中的关键作用，并揭示了旅游业在文化交流与理解中的独特地位。下面将详细阐述如何在实践中运用这些经验，注重过程，以期实现旅游业的持续发展。

实践合作的关键在于建立稳固的伙伴关系。肯尼亚内罗毕雅阁大酒店的成功，很大程度上得益于中肯之间深厚的友谊和互信。这种合作不是简单的利益交换，而是基于共同的目标和愿景，资源共享、优势互补，实现共赢。在实践中，需要主动寻求合作伙伴，建立长期稳定的合作关系。这包括与政府部门、旅游机构、当地社区以及其他相关企业进行沟通与协调。定期的交流会议、合作项目的推进以及问题的解决，能不断巩固和加强合作关系，共同推动旅游业的发展。

创新与融合是提升旅游服务品质的关键途径。肯尼亚内罗毕雅阁大酒店在服务中巧妙地融入非洲元素，为游客提供独特的文化体验。这启示在实践中要注重创新和融合，将当地的文化特色、自然景观等独特资源融入旅游服务中，打造独具特色的旅游产品。例如，可以开发具有地方特色的旅游线路，举办文化节庆活动，或者将当地的手工艺品、特色美食等引入旅游服务中。这样不仅能提升游客的满意度和忠诚度，还能有效促进当地文化的传承和发展。

此外，旅游业在促进文化交流与理解方面具有关键作用。肯尼亚内罗毕雅阁大酒店不仅提供住宿服务，而且是一个文化交流的平台。在实践中，要充分利用旅游业的这一特点，积极推动跨文化的交流与理解。可以通过组织文化交流活动、搭建文化展示平台等方式，让文化背景不同的游客有机会深入了解彼此的文化。这不仅能增进相互之间的理解与友谊，还能为旅游业的持续发展注入新的活力。

实践过程中还需要注重旅游业的可持续性。在推动旅游业发展的同时，要保护好自然环境和文化遗产，使旅游业的发展能够真正造福于当地人民。这包括合理规划旅游资源的开发与利用，加强环境保护和生态修复工作，以及推动当地社区的参与和受益。可持续的旅游发展方式，可以实现经济、社会和环境的协调发展。

肯尼亚内罗毕雅阁大酒店的成功实践提供了一个宝贵的范例。在未来的发展中，应该继续深化双方在旅游领域的合作与交流，共同探索与实践更加多元化、创新化的旅游发展模式。这包括加强旅游产品的创新与研发，提升旅游服务的质量和效率，以及推动旅游市场的拓展与营销。通过不断的实践与创新，可以为推动全球旅游业的繁荣与发展贡献力量。

### 三、畅游天下：旅游目的地推广的国际合作与交流

在全球化的大背景下，国际合作与交流成为推动旅游业发展的重要手段。肯尼亚内罗毕雅阁大酒店作为中肯旅游合作的典范，其成功实践为我们提供了宝贵的经验。以下将详细阐述这一国际合作与交流的过程，以展现其深远意义。中国与肯尼亚的旅游合作源远流长，早在几百年前，中国的航海家郑和就曾到访过这片非洲大地，播下了友谊与信任的种子。而今天，这颗种子已经开花结果，内罗毕雅阁大酒店就是其中的佼佼者。

内罗毕雅阁大酒店作为中肯合作的标志性项目，从选址、设计到运营，都充满了国际合作与交流的元素。酒店的选址充分考虑了内罗毕的地理位置和旅游资源，位于市中心，毗邻肯雅塔国际会议中心、肯尼亚国家博物馆等重要景点，为游客提供了便捷的旅游体验。在设计方面，酒店融入了非洲传统元素和现代设计理念，展现出独特的魅力。这不仅体现在酒店的建筑风格上，更体现在酒店内部的装饰和服务上。例如，酒店的大堂吧、餐厅和客房等区域，都巧妙地融入了非洲的艺术品和手工艺品，让游客在享受现代化设施的同时，也能感受到浓郁的非洲文化氛围。在运营方面，内罗毕雅阁大酒店注重与国际接轨，引进先进的酒店管理理念和服务标准。通过与国际知名酒店管理公司的合作，酒店不断提升服务质量和管理水平，为游客提供高品质的住宿体验。同时，酒店还积极开展员工培训，提高员工的职业素养和服务意识，确保每位游客都能感受到家的温暖。

除了酒店的硬件设施和服务质量外，内罗毕雅阁大酒店还注重与国际旅游市场的对接。酒店积极参加国际旅游展览会和推广活动，与世界各地的旅游机构建立合作关系，共同开发旅游线路和产品。通过这些活动，酒店不仅提高了自身的知名度，还为肯尼亚的旅游产业带来了更多的国际游客。在国际合作与交流的过程中，内罗毕雅阁大酒店还注重与当地社区的合作与互动。酒店积极参与社区活动，支持当地的文化和教育事业，为当地居民提供就业机会和培训机会。这不仅增强了酒店与当地居民的联系和互动，也为肯尼亚的旅游产业注入了更多的活力和动力。内罗毕雅阁大酒店还充分利用数字化手段进行国际合作与交流。酒店建立了自己的官方网站和社交媒体账号，通过发布旅游资讯、酒店活动和优惠信息等方式吸引游客。同时，酒店还与在线旅游平台和旅行社

合作，提供在线预订和购票服务，方便游客的出行安排。

中国—肯尼亚内罗毕雅阁大酒店在旅游目的地推广的国际合作与交流方面取得了显著成效。通过选址、设计、运营和国际市场对接等方面的实践，酒店成功打造成为具有非洲特色的高品质旅游目的地。未来，内罗毕雅阁大酒店将继续发挥其在国际合作与交流中的重要作用。

## 四、基石之力：旅游基础设施建设的关键与挑战

在全球化旅游产业发展的浪潮中，基础设施建设作为提升旅游目的地吸引力的重要支撑，越来越受到各国的重视。肯尼亚内罗毕雅阁大酒店作为中肯旅游合作的标志性项目，不仅展现了中肯在旅游领域的深度合作，更揭示了旅游基础设施建设的重要性及其面临的挑战。

旅游基础设施，尤其是酒店、交通和景点设施等，对于旅游业的发展具有举足轻重的作用。肯尼亚内罗毕雅阁大酒店的建设与运营，为内罗毕乃至肯尼亚的旅游业注入了新的活力。其高品质的服务与一流的设施，不仅为游客营造了一个舒适、安全的住宿环境，还通过吸引大量游客，为当地带来了显著的经济效益。这种影响不仅局限于酒店本身，还进一步拉动了周边餐饮、娱乐、购物等相关产业的发展，从而推动了整个地区经济的繁荣。从更宏观的角度来看，旅游基础设施的完善还有助于提升肯尼亚在国际旅游市场中的竞争力。随着全球旅游市场的日益繁荣，各国之间的旅游竞争也日益激烈。一个拥有完善基础设施的旅游目的地，往往能更容易吸引到游客的目光，从而在激烈的竞争中脱颖而出。

尽管旅游基础设施的重要性不言而喻，但在实际建设过程中却面临着诸多挑战。其中，资金问题是一个不可忽视的难题。旅游基础设施的建设往往需要大量的资金投入，这对于许多发展中国家来说是一个不小的负担。然而，通过国际合作与援助，这一问题可以得到一定程度的缓解。以肯尼亚内罗毕雅阁大酒店为例，其建设与运营得到了中国与肯尼亚双方的共同努力与投资，从而实现了资金的有效筹集与运用。

除了资金问题外，技术与人才的短缺也是制约旅游基础设施建设的另一大难题。非洲地区在技术和人才方面相对匮乏，这无疑增加了基础设施建设的难

度。然而，通过引进外来技术和加强本地人才培养，这一问题同样可以得到有效解决。中国企业在这方面发挥了积极作用，不仅带来了先进的技术和设备，还通过培训和交流活动，提升了当地员工的技术水平和职业素养。文化差异与管理模式的差异也是旅游基础设施建设过程中需要面对的挑战。在跨国合作中，不同文化背景和管理模式之间的冲突与融合是一个不可避免的问题。然而，通过深度沟通与合作，双方可以逐渐建立起符合当地实际情况的管理模式，从而确保项目的顺利进行。

肯尼亚内罗毕雅阁大酒店的建设与运营，不仅提升了肯尼亚的旅游接待能力，还促进了中肯两国的文化交流与经济合作。这种合作不仅局限于酒店本身，还进一步延伸到交通、景点开发等多个领域。例如，蒙内铁路的建设大大提高了旅游目的地的可进入性，为游客提供了更为便捷的交通方式；同时，中国企业参与的旅游景点开发也丰富了肯尼亚的旅游产品体系，为游客提供了更多的旅游选择。更为重要的是，中肯在旅游基础设施建设方面的合作还为当地创造了大量的就业机会，提高了居民的生活水平。同时，通过技术引进和人才培养，肯尼亚的旅游产业得到了进一步的提升和发展。这种合作不仅有助于推动肯尼亚经济的繁荣与发展，还为中非之间的友好关系注入了新的活力。

肯尼亚内罗毕雅阁大酒店的建设与运营是中非旅游合作的一个缩影，它展示了旅游基础设施建设在推动旅游业发展中的重要作用及其面临的挑战。通过国际合作与援助，这些挑战可以得到有效解决，从而实现旅游业的可持续发展。展望未来，随着中非合作的不断深入与拓展，双方在旅游基础设施建设领域将取得更为辉煌的成果。

## 五、遇见不同：旅游中的文化碰撞与交融

肯尼亚内罗毕雅阁大酒店，不仅是一个提供住宿服务的场所，更是一个文化交汇与碰撞的重要节点。其独特的地理位置和多元文化氛围，使得这家酒店成为研究文化交融与碰撞的绝佳案例。

酒店的建筑风格充分体现了非洲传统元素与现代设计理念的融合。这种融合并非简单堆砌，而是在深入理解非洲传统文化和现代设计理念的基础上，进

行了巧妙的结合。非洲的原始风情，如茅草屋顶、木雕艺术等，与现代建筑的线条感和空间感相结合，既展现了非洲大陆的原始魅力，又不失现代都市的时尚气息。大堂内的设计更是匠心独运。肯尼亚特色的装饰品，如马赛族的珠饰、木雕面具等，与中式元素的摆件，如瓷器、书法艺术品等，相互映衬，营造出一种跨越时空的文化氛围。这种设计不仅让游客在视觉上得到享受，更能在心灵上感受到中非文化的和谐共存与交融。

肯尼亚内罗毕雅阁大酒店在服务方面也充分体现了对不同文化背景的尊重及文化的融合。酒店员工来自世界各地，他们带着各自的文化背景和工作经验，共同为游客提供优质的服务。这种多元文化的工作环境，使得酒店能够提供更全面、更人性化的服务。员工们以自己的方式表达对客人的尊重与关怀，这种关怀不仅体现在微笑服务、热情接待上，更体现在对客人文化背景的了解和尊重上。例如，对于来自不同国家的游客，酒店会提供符合他们饮食习惯的餐饮选择，以及贴近他们文化习俗的住宿环境。

在肯尼亚内罗毕雅阁大酒店，游客不仅能享受到舒适的住宿环境和优质的服务，还能有机会深入了解肯尼亚的本土文化。酒店周边拥有丰富的旅游资源，如马赛马拉国家保护区、内罗毕国家公园等，这些地方都是感受非洲大陆野性与神秘的绝佳去处。为了能够让游客们更加深入地了解肯尼亚的文化，酒店还会组织丰富的文化体验活动。例如，非洲舞蹈表演、手工艺品制作等，这些活动不仅让游客在轻松愉快的氛围中感受肯尼亚的文化底蕴，还为他们提供了一个与当地居民深入交流的机会。通过这些活动，游客可以更加直观地了解肯尼亚的传统文化和生活方式，感受非洲大陆的独特魅力。

当然，文化的碰撞与交融也带来了一定的挑战。由于中肯两国文化差异较大，游客在体验过程中可能会遇到一些困惑和不适。例如，饮食习惯、餐具使用、交流方式等都可能存在差异。然而，这些挑战也正是旅游的魅力所在。它们为游客提供了一个了解和适应不同文化的机会，促进了个人成长和跨文化交流的发展。面对这些挑战，肯尼亚内罗毕雅阁大酒店采取了一系列措施来帮助游客更好地适应和融入这种多元文化的环境。例如，酒店提供跨文化培训资料，帮助游客了解肯尼亚的文化习俗和礼仪规范；同时，酒店也鼓励员工与游客进行互动交流，分享彼此的文化经验和见解。

肯尼亚内罗毕雅阁大酒店作为一个文化交流平台，其价值不仅体现在为游客提供舒适的住宿环境上，更重要的是为游客打开了一扇了解非洲文化的窗口。在这里，"遇见不同"成为一种常态，游客们有机会亲身感受和体验不同文化的魅力与碰撞。同时，这家酒店也为中肯两国的文化交流做出了重要贡献。通过促进不同文化之间的交流与融合，酒店为增进中肯两国人民的相互了解和友谊搭建了一个重要桥梁。这种文化交流不仅有助于推动两国在文化、旅游、经贸等领域的合作与发展，还为促进世界和平与繁荣做出了积极贡献。

## 六、案例成果与启示

肯尼亚内罗毕雅阁大酒店，作为中国与肯尼亚的文化交流与合作的标志性项目，经营成果显著，对当地旅游业、文化交流和经济发展产生了深远影响。这一成功案例体现了两国在旅游和文化领域的紧密合作，也为未来的国际合作提供了宝贵的经验。

从经营成果来看，肯尼亚内罗毕雅阁大酒店凭借优越的地理位置、完善的设施以及高品质的服务，成功吸引大量中国及其他国家的游客，推动当地旅游业的繁荣发展，为酒店带来可观的经济效益。酒店为当地居民提供了众多就业机会，有效提升了居民的生活水平，进一步促进了当地社会的稳定与和谐。

在文化交流方面，肯尼亚内罗毕雅阁大酒店举办丰富多彩的文化活动，如非洲舞蹈表演、手工艺品制作等，为游客提供深入了解肯尼亚文化底蕴的机会。这些活动也促进中肯两国文化的深度交流与融合，增进两国人民的相互了解和友谊。这种文化交流有助于消除文化差异带来的困惑和不适，为两国的长期友好合作奠定坚实基础。

此外，肯尼亚内罗毕雅阁大酒店的成功案例还提供了以下几点启示。

旅游合作在推动中肯关系中具有关键作用。加强旅游合作，可以促进两国人民的交流与理解，增进友谊与互信，为两国的共同发展创造更多机遇。应进一步深化和拓展中肯旅游合作，推动更多类似的合作项目落地实施。

文化交流是连接不同国家和民族的纽带。在全球化日益深入的今天，文化交流的重要性愈发凸显。肯尼亚内罗毕雅阁大酒店的文化交流活动，成功促进中肯两国的文化交流与传播。这启示在未来的合作中，应更加注重文化交流的作用，推动不同文化之间的相互理解与尊重。

高品质的服务是酒店业立足之本。在激烈的市场竞争中，提升服务品质是吸引和留住客户的关键。肯尼亚内罗毕雅阁大酒店注重员工培训，提高员工对两国文化的了解和敏感度，从而为客人提供更加个性化的服务。这说明在国家间的旅游合作或企业竞争中，应始终以提升服务品质为核心，不断创新和改进，以满足客户日益多样化的需求。

环保和可持续发展是未来旅游业发展的关键方向。肯尼亚内罗毕雅阁大酒店在追求经济效益的同时，也注重环保。采取使用节能设备、推广绿色出行等措施，酒店成功实现经济效益与环境保护的双赢。在未来的旅游合作中，应更加注重可持续发展理念的实施，推动旅游业与环境保护的协调发展，为子孙后代留下更美好的生态环境。

肯尼亚内罗毕雅阁大酒店的成功案例还引发对国际合作模式的深入思考。在当前全球化背景下，国际合作已成为推动各国共同发展的关键途径。加强国际合作，可以实现资源共享、优势互补，共同应对全球性挑战。肯尼亚内罗毕雅阁大酒店作为国际合作的典范，促进了中肯两国的经济发展和文化交流，也为其他国家和地区提供了可借鉴的合作模式。

综上所述，肯尼亚内罗毕雅阁大酒店的成功案例在中肯旅游合作和文化交流中具有里程碑意义。它推动当地旅游业的繁荣发展，提升居民生活水平，还促进中肯两国文化的深度交流与融合。这一案例为未来的国际合作提供了宝贵的经验和启示，对于推动中非乃至全球范围内的旅游合作与文化交流具有重要的借鉴意义。深入研究这一成功案例，可以更好地理解和把握国际合作的内涵与外延，为推动构建人类命运共同体贡献智慧和力量。

## 第二节　中国—南非开普敦四季酒店旅游合作案例

### 一、案例背景

#### （一）中国与南非战略伙伴关系

中国与南非的关系是全面且快速发展的战略伙伴关系。两国于 1998 年 1 月 1 日建交，自建交以来，双边关系得到了全面的提升和发展。在政治、经济、文化等领域，双方都有着广泛的合作和交流。在政治方面，两国高层交往频繁，政治互信不断增强。双方已签署了一系列重要文件，如《中华人民共和国与南非共和国关于伙伴关系的比勒陀利亚宣言》《中华人民共和国和南非共和国关于建立全面战略伙伴关系的北京宣言》等，为两国关系的长期发展奠定了坚实的基础。在经济方面，两国经贸合作成果丰硕。中国已成为南非的重要贸易伙伴之一，而南非也是中国重要的投资目的地之一。双方在贸易、投资、金融等领域的合作不断深化，为两国经济发展注入了新的动力。在文化方面，双方在文化、教育、科技等领域的合作不断加强，推动了两国文化的相互了解和传播。

#### （二）全球旅游市场持续繁荣

全球旅游市场确实正在经历持续繁荣的阶段。根据 2023 年世界旅游合作与发展大会发布的《世界旅游城市发展报告（2022）》，全球旅游总人次在 2022 年达到了 95.7 亿人次，全球旅游总收入也达到了 4.6 万亿美元。随着新消费时代的来临，游客的需求也在发生变化，游客希望有更多的选择权、控制权和决策权，这也推动了旅游业不断适应新的情况，深度挖掘世界各国不同城市独具特色的文化和旅游资源。全球旅游市场的持续繁荣为各国旅游业的发展提供了良好的机遇，但同时也需要我们面对新的挑战，以可持续的方式推动旅游业的发展，使其成为世界旅游经济发展的支柱和引擎。

### （三）跨境旅游合作成为推动旅游业创新发展的重要途径

跨境旅游合作已成为推动旅游业创新发展的重要途径。跨境旅游合作使不同国家和地区的旅游资源得以互补和共享。每个国家和地区都有其独特的自然景观、历史文化和民俗风情，通过合作，可以将这些资源组合起来，为游客提供更为丰富和多样化的旅游体验，旅游企业可以更容易地进入新的市场，吸引更多的游客。跨境旅游合作不仅有助于旅游业的发展，还可以加强各国之间的文化交流和人民之间的友谊。跨境旅游合作对推动旅游业创新发展也具有重要意义。通过资源互补、市场扩张、技术交流、服务提升等途径，跨境旅游合作将为全球旅游业带来新的机遇和挑战。

## 二、案例概况

开普敦，位于非洲大陆南端，拥有得天独厚的自然风光和丰富的历史文化资源。开普敦以其迷人的自然风光而闻名，特别是桌山（Table Mountain），游客可以登顶特拉华山，俯瞰整个城市和大西洋，感受壮观的自然景观。附近还有开普半岛的美丽海滩，如克利夫顿海滩和穆伊斯伯格海滩，是放松、冲浪和游泳的理想场所。四季酒店作为国际知名的豪华酒店品牌，在高端旅游市场具有良好声誉。

南非开普敦四季酒店是一家位于开普敦市中心的高档酒店，由中方投资并承建，南非方则承担着提供土地和相关配套设施并协助酒店运营的责任。双方合作旨在促进该地区的旅游业发展，增加旅游流量，改善旅游基础设施，并推动中南两国之间的人文交流和经济合作。酒店享有绝佳的地理位置和一流的设施。酒店距离开普敦国际会议中心仅2分钟车程，距离开普敦邮轮码头也只需4分钟车程。从酒店的客房和公共区域，游客可以欣赏到大西洋的壮丽景象、开普敦港口的繁忙景象以及桌山的壮丽景色。酒店设有多种房型，包括一卧室公寓，这些公寓配备了私人厨房、冰箱、微波炉、烤箱、炉灶等设施，让旅客在旅途中也能享受到家的舒适。此外，酒店还提供了免费无线网络、平板电视、淋浴设施、毛巾等便利设施。酒店还提供多种休闲设施，如室外游泳池、健身房和自助洗衣服务等。此外，酒店每周提供一次客房清洁服务，确保旅客在旅途中始终能享受到干净整洁的住宿环境。

## （一）酒店基础设施建设情况

**1. 内部装饰豪华、时尚**

中国—南非开普敦四季酒店注重设计与装修细节，追求现代化和时尚感。酒店在高品质住宿设施建设方面不遗余力，从舒适豪华的客房和套房到大堂，每个空间都经过精心设计，突出了独特的风格和豪华的氛围。优质的材料、高质量的家具和精致的装饰物使整个酒店令人印象深刻。酒店提供宽敞舒适的客房和套房，为游客提供私密性和放松的空间。客房内配备了豪华的床铺、高品质的床上用品和枕头，以确保游客得到良好的睡眠质量。房间还配备了先进的科技设施，如高清电视、无线网络连接和智能控制系统，使游客能够方便地享受现代化的生活。无论是商务旅行还是休闲度假，游客都能够在这里享受到优雅、舒适和便捷的服务。

**2. 满足住客个性化需求**

中国—南非开普敦四季酒店不仅拥有丰富多样的设施和服务，而且注重客户服务。酒店致力于为游客提供个性化、周到的服务体验。酒店提供一系列设施和服务，以满足游客的各种需求。酒店的员工接受专业的培训，具备良好的沟通技巧和友善的态度，他们始终愿意提供帮助和建议，确保游客的需求得到满足，并为游客提供宾至如归的感觉。酒店还配备了健身中心、室内游泳池和水疗中心，使游客能够保持健康和身心放松。酒店提供24小时客房服务、行李寄存、洗衣服务等贴心的服务，确保游客的舒适和便利。

**3. 提供多元化餐饮服务**

中国—南非开普敦四季酒店以其多样化的餐饮选择而著名，它为游客提供丰富、美味的菜肴和独特的用餐体验。酒店设有一些高级餐厅，由经验丰富的厨师团队领导，专注于提供精致的本地和国际美食。这些餐厅通常拥有幽雅的环境和舒适的氛围，让游客在愉悦的环境中享受独特的用餐体验。餐厅菜单通常包括各种口味和风格的菜肴，满足不同游客的偏好和饮食需求。酒店还设有自助餐厅，为游客提供丰盛的自助餐选择。自助餐厅通常涵盖了各种菜系，如亚洲、欧洲和当地特色菜等，游客可以根据自己的口味和喜好选择各种美食，享受多样化的菜肴和优质食材。自助餐厅还经常提供现场烹饪和互动式烹饪区域，增加游客的参与感和乐趣。

除了高级餐厅和自助餐厅，中国—南非开普敦四季酒店还拥有轻松休闲的餐厅和咖啡厅，为游客提供放松、简便的用餐选择。这些场所通常氛围轻松，装修简约、时尚，适合游客进行休闲聚餐、小憩或举行轻松的商务会议。餐厅提供各种小吃、三明治、沙拉、咖啡和茶等轻松美食选项。酒店还设有酒吧和酒廊，为游客提供休闲社交场所。酒吧通常提供各种饮品，包括鸡尾酒、葡萄酒、啤酒和其他饮料。酒廊提供舒适的环境，供游客享用美味的小吃和饮品，同时放松身心。这些场所经常有现场音乐表演或其他娱乐活动，为游客提供愉快的夜晚。除了餐厅和酒吧，中国—南非开普敦四季酒店还提供客房用餐服务，让游客在舒适的客房内享受美食。游客可以通过客房服务菜单选择各种菜肴和饮料，并要求送到客房，这种便利的服务使游客能够在私密和舒适的空间中品尝到高品质的餐饮。

**4. 商务和社交设施齐全**

中国—南非开普敦四季酒店拥有一系列设备齐全的会议室和多功能厅，可容纳不同规模的会议、研讨会、培训和其他商务活动，这些场所通常配备高品质的音频和视觉设备，如投影仪、大屏幕显示器、音响系统和无线演示工具，以确保顺利演示和沟通。为了让游客能够顺利举办会议和活动，酒店提供全方位的会议设施支持，这包括专业的会议策划团队，协助游客安排会议日程、场地布置和技术支持等。酒店还提供会议注册服务、会议材料打印、翻译服务以及会议期间的餐饮服务，确保游客的会议顺利进行。酒店注重满足客户个性化需求，为游客提供定制化的会议和活动服务，游客可以与酒店团队合作，根据自己的需求和预算制定个性化的方案。无论是小型会议还是大型活动，酒店都将致力于提供高品质的设施、专业的服务和满意的体验。

中国—南非开普敦四季酒店的宴会厅是举办社交和庆典活动的理想场所。宴会厅通常装修豪华、氛围高雅，并配备舞台、音响设备和灯光效果，为宴会、婚礼、庆典等特殊场合营造出难忘的氛围。酒店提供专业的宴会服务团队，协助游客策划和执行各种宴会活动，包括菜单选择、餐饮布置和服务等。

中国—南非开普敦四季酒店还拥有一些户外活动场地和空间，为游客提供多样化的选择，这些场地通常包括花园、露台、游泳池区域等，可用于户外聚会、团建活动、休闲座谈会等。酒店可以根据游客的需求和活动类型，提供相应的设施和设备支持，确保户外活动的顺利进行。

**5. 户外运动服务设施齐备**

中国—南非开普敦四季酒店拥有现代化的健身中心，配备各种先进的健身设备和器械，如跑步机、动感单车、力量训练设备和自由重量区等，游客可以在宽敞明亮的健身房内进行全面的体能训练和锻炼，保持健康活力。酒店的游泳池是游客放松、消暑和娱乐的理想场所。游泳池通常设置在室内或室外，提供清凉的水域和舒适的环境，游客可以在游泳池畅游或在池边享受阳光浴，在水中锻炼肌肉和放松身心。酒店的水疗中心为游客提供身心放松和修复的绝佳选择。水疗中心通常提供各种按摩、身体护理和美容护理服务，如瑞士冰川石按摩、深层组织按摩、面部护理等，游客可以通过专业的治疗师获得舒缓疲劳、缓解压力和恢复活力的服务。

酒店为喜欢瑜伽和舞蹈的游客提供专门的工作室，这些工作室通常装修温馨、设备齐全，并由经验丰富的教练指导，游客可以参加瑜伽课程、普拉提训练或舞蹈课程，促进身体柔韧性、平衡和精神集中。

酒店拥有度假村式的设计和设施，为游客提供全方位的休闲和娱乐体验，这些设施包括高尔夫球场、网球场、篮球场、壁球场、儿童游乐区、花园和步道等，游客可以在自然环境中享受户外活动，休闲漫步，或与朋友和家人进行户外运动。酒店还设有各种社交场所，如酒吧、露台和娱乐室等，游客可以在这些场所享用美食和饮品，结识新朋友，参加特色活动或观看表演。

## （二）酒店特色

**1. 建筑装饰文化**

中国—南非开普敦四季酒店借鉴、使用中国传统文化中的色彩和符号，营造出了独具魅力的中式装饰风格。酒店以其精美的中式装饰和风格吸引了众多游客的眼球，这种独特的设计为酒店增添了浓厚的中国文化氛围，为游客提供了一次身临其境的中式体验。

（1）装饰风格

红色、金色和黑色在酒店中被广泛运用，这些色彩在中国文化中有着重要的象征意义。红色代表喜庆和幸福，是中国传统婚礼和节日的主色调；金色象征财富和尊贵，体现了对游客的尊重和迎接；而黑色则代表神秘和稳重，给人以庄重的感觉。通过这些色彩的运用，酒店为游客呈现了浓郁的中国文化氛围。

酒店以独特的装饰和摆设展示了中国传统艺术品的精华。从大堂到客房，无处不展现着中国传统艺术的瑰丽之美。大型的传统字画、瓷器、陶瓷工艺品等装饰点缀在酒店的各个角落，为游客提供了欣赏和学习中国传统艺术的机会，这些精美的艺术品不仅使酒店更具魅力，同时也展示了中国悠久的历史和文化底蕴。

（2）庭院布局

中国传统建筑风格对于酒店的设计也产生了深远影响。酒店采用了传统的庭院式布局，将中式建筑元素巧妙地融入其中，游客在进入酒店时会被宽敞明亮的大厅所吸引，大厅处高悬的挂毯和传统雕刻屏风让人仿佛置身于古代宫廷之中。此外，庭院中的园林景观、水池和假山也展示了中国传统园林艺术的精髓，让游客在繁忙的旅行中得到一丝宁静。

（3）家具及家居用品

酒店所使用的中式家具和家居用品也是其独特风格的重要组成部分。古色古香的红木家具、雕花屏风、绣花窗帘等充满了浓厚的中国传统气息，这些家具不仅演绎了中国古典家居文化的精髓，同时也提供了舒适和宜人的居住环境，游客可以在中式风格的客房内感受到别具一格的装饰布局，体验到中国传统家居生活的魅力。

（4）中式礼仪与服务

除了装饰和家具，中国—南非开普敦四季酒店还注重传承和展示中式礼仪与服务。酒店员工经过专业培训，能够向游客展示中国传统的礼仪和待客之道。从热情的迎接、细致入微的服务到对游客需求的快速响应，酒店致力于为游客营造温暖而舒适的住宿体验，游客可以感受到中式文化中注重尊重和关怀的价值观，享受到独特的待遇。

中国—南非开普敦四季酒店以其中式装饰与风格成为独特的文化体验场所，通过精美的装饰、传统的艺术品、庭院式布局、中式家具和家居用品，以及中式礼仪与服务，酒店展现了中国传统文化的独特魅力。无论是来自中国的游客还是南非的游客，都可以在这里感受到中式文化的神秘、优雅和独特之处，获得一次难忘的旅行体验。

**2. 美食文化交流**

中国和南非都有着丰富多样的美食文化，两国之间的交流与合作也在餐饮领域不断深化。中国—南非开普敦四季酒店以其独特的中华美食吸引了众多食客，为他们带来了一场场味蕾的盛宴。酒店内设有多家中餐厅，提供丰富多样的中式菜肴。无论是经典的北京烤鸭、精致的广东点心还是麻辣诱人的川菜，酒店的厨师团队都力求做到地道正宗。他们擅长使用新鲜食材和独特调味料，保持菜肴的原汁原味，并将传统的烹饪技巧与现代创新相结合，游客可以在这里品尝到地道的中华美食，满足自己的味蕾需求。

中国—南非开普敦四季酒店不仅提供美味佳肴，还为游客呈现中式烹饪技艺的精彩表演。酒店内设有专门的厨艺表演区域，由经验丰富的厨师们展示传统的刀工技巧、火候掌握和食材处理等，游客可以目睹菜品的制作过程，并领略到中式烹饪的精髓，这样的互动体验不仅增加了就餐的乐趣，也让游客更深入地了解中国的饮食文化。除了品尝美食，酒店还提供中式茶艺表演和美食烹饪课程，让游客能够全方位地体验中华美食文化。在中式茶艺表演中，游客可以欣赏到茶艺师傅的独特技巧，了解茶叶的分类、冲泡方法和品鉴技巧。而参加美食烹饪课程，则可以亲手学习制作中式菜肴，在厨师的指导下掌握传统的烹饪技巧和食材搭配，感受料理的乐趣。

中国—南非开普敦四季酒店的中华美食不仅满足了游客对中式餐饮的期待，还促进了中南两国之间的文化交流，通过将中式菜肴与当地特色食材相结合，创造出独特的跨国口味，酒店为游客提供了独特的食物体验，这种融合既展示了中华美食的多样性和包容性，也让南非游客更好地了解中国的饮食文化。酒店还在特定的节日和场合举办各种美食活动和庆典，为游客带来更加丰富多彩的用餐体验。例如，在春节期间，酒店会举办传统的团年饭和舞龙舞狮表演，让游客感受中国传统文化的喜庆氛围。

### 3. 节庆活动

在中秋节、端午节等重要的中国传统节日，酒店内会举行精彩的庆祝活动，让游客近距离接触这些传统节日的习俗。例如，在春节期间，酒店会举行传统的舞狮表演、灯谜活动等。而在南非的重要节日如自由日（Freedom Day）、遗产日（Heritage Day）等，酒店会举办当地传统舞蹈、音乐演出和美食品尝活动。这样的庆典使客人能够深入体验中南两国的传统文化，感受到不同文化之间的相通与互融。

### 4. 文化交流活动

中国—南非开普敦四季酒店定期举办文化讲座和研讨会，探讨中南两国的历史、文化和社会议题。这些活动邀请了知名学者、专家和艺术家进行分享和演讲，为客人提供了一个广泛而深入的学习平台。讲座和研讨会的主题涵盖了文学、艺术、历史、哲学等多个领域，使客人能够更全面地了解中南两国的文化内涵和发展。

## 三、案例成果与启示

中国与南非在开普敦四季酒店的旅游合作，是在双方共同努力下，为全球旅游者呈现的一场视觉与心灵的盛宴。拥有全球知名的奢华酒店品牌，对于提升旅游目的地品质、打造高端旅游体验具有举足轻重的作用。双方合作并不局限于酒店运营和服务水平的提升，更是涵盖了旅游目的地推广、品牌建设、基础设施建设以及文化交流等多个层面。合作不仅推动了开普敦旅游业的发展，更深化了中国与南非在人文领域的交流与互鉴。中国—南非开普敦四季酒店作为"一带一路"倡议下的典型项目之一，在促进中南两国间的经济合作、文化交流和旅游业发展等方面取得了显著成果。

### （一）充分发挥中国企业在酒店建设和运营方面的经验和先进技术

中国企业拥有酒店管理和服务方面的先进经验和技术，与南非企业进行合作，可以提升南非酒店行业的管理水平和服务质量，这种技术转移有助于促进当地产业升级和创新能力的提升，推动经济结构优化和产业竞争力的增强。中方的投资和建设经验可以为四季酒店项目提供专业的指导和支持，确保酒店的建筑质量、设计风格和设施设备达到国际水平。中方的技术和管理知识将有助于打造一个令人满意的住宿环境，吸引更多的客户选择入住该酒店。同时，南非方提供土地和相关配套设施，为项目的顺利进行提供了基础条件。项目的选址对于酒店的成功至关重要，南非方能够提供适宜的地块，有助于开普敦四季酒店在市场上树立良好的形象和地位。此外，南非方还负责协助酒店运营，包括与当地政府和社区的沟通、维护良好的商业关系等，这种协作将有助于确保酒店在当地市场上的稳定运营，并提供高水平的服务质量。这种合作模式还能够促进经济发展和旅游业增长，中方的投资将直接为南非创造就业机会，提高当地居民的生活水平。

### （二）将酒店打造成一个文化交流平台

文化交流是增进不同国家人民之间相互了解与尊重的桥梁。中国和南非都拥有独特而丰富的本土文化，这两个国家之间的交流与合作在文化领域也变得日益重要。中国—南非开普敦四季酒店积极开展各种文化交流活动，如艺术展览、音乐演出、传统手工艺品展销、体育活动等，这些活动为游客提供了与南非文化接触和互动的机会，增加了旅游的文化内涵和吸引力，丰富了人们的精神生活，促进了文化多样性和社会融合，为来自两国的客人创造了一个独特的交流平台。

酒店致力于为游客提供一种真正沉浸于南非本土文化的体验。酒店内设有专门的展览空间，用于展示南非传统艺术品。这些艺术品包括木雕、编织工艺品、陶瓷器等，都是南非本土艺术家的杰作。通过展示这些精美的艺术品，酒店向游客展示了南非独特的艺术风格和创造力，游客可以欣赏到南非传统艺术的精髓，并了解到南非文化的独特之处。酒店还定期举办南非音乐和舞蹈表演，让游客亲身感受南非独特的音乐与舞蹈艺术，这些表演包括传统的部落舞蹈、口技表演以及当代音乐演出等。活动邀请南非本土的音乐家和舞蹈团队参与，表演不仅展示了南非的文化遗产，也展现了南非人民的热情和活力。游客可以在这里欣赏精彩绝伦的表演，感受南非音乐与舞蹈的魅力。

中国—南非开普敦四季酒店还定期举办艺术展览和演出活动，为中南两国的艺术家提供了展示才华的机会，这些展览包括绘画、摄影、雕塑等多种艺术形式，涵盖了丰富的主题和风格。同时，酒店还邀请来自中国和南非的音乐家、舞蹈家等进行表演，呈现出精彩纷呈的文化盛宴，这样的活动不仅为客人提供了欣赏艺术作品和表演的机会，也促进了中南两国艺术家之间的交流与合作。

中国—南非开普敦四季酒店定期举办文化座谈会，邀请中南两国的专家学者和文化代表进行对话交流，这些座谈会提供了一个平台，让中南两国人民能够深入探讨彼此的文化差异、共同点和发展方向，从而加深彼此的认识与理解。中国—南非开普敦四季酒店组织游客参与中南传统文化的体验活动，如中华茶艺表演、南非土著舞蹈表演等。通过亲身参与和感受，游客能够更好地理解和体验中南两国的文化，进一步加深对彼此文化的认同感。

### （三）中南双方共同开展市场推广活动

中南双方共同开展市场推广活动对于宣传和推广开普敦四季酒店的特色和优势，吸引更多国际游客选择入住至关重要，通过利用各种渠道和媒体进行宣传，可以将酒店的独特之处和卓越服务传达给全球观众。酒店建立了一个专业且对用户友好的网站，以展示酒店的各项设施、服务和住宿体验，并提供简便的预订系统。同时，利用社交媒体平台，发布精美的照片和视频，与潜在客户互动，并分享顾客的正面评价和推荐。此外，与旅游相关的网站、旅行社和在线旅游平台也是酒店重要的合作伙伴，通过与它们合作，推出特别优惠和套餐，吸引更多客户选择入住，并投放网上广告，如横幅广告、文本广告和视频广告，定向到适合的目标受众群体。此外，通过搜索引擎优化（SEO）和付费搜索广告（SEM），将酒店的宣传信息置于搜索结果的前列，增加曝光率和点击率，这样可以在全球范围内提高四季酒店的知名度，增强关注度。

此外，酒店与媒体合作，如旅游杂志、电视节目和博客等，通过报道和赞誉来吸引更多的关注；通过发布高质量的内容，如文章、博客、视频和图片，分享开普敦的旅游景点、当地文化、美食以及酒店的独特体验；这些内容可以在网站、社交媒体和其他平台上分享，吸引读者和观众的兴趣，并激发他们选择入住开普敦四季酒店的欲望。让每位游客都成为酒店的推广大使，鼓励游客在社交媒体上分享他们的正面体验，提供评价和建议，以增加信任度和口碑效应。

## 第三节　中国—希腊圣托里尼卡尔刻拉度假村（Caldera Premium Villas）旅游合作案例

希腊作为中国"一带一路"倡议的重要合作伙伴，具有地理优势和丰富的文化资源，与中国在旅游业、基础设施建设等领域存在广阔的合作空间。

### 一、案例背景

"一带一路"倡议是中国提出的重要国际合作倡议，旨在促进亚欧非大陆之间的经济合作、文化交流和可持续发展。"一带一路"倡议致力于加强亚欧非大陆的经济合作，通过基础设施建设、贸易投资便利化等措施，促进共建国家间的互联互通和经济发展。"一带一路"倡议鼓励不同文明之间的互学互鉴，促进文化交流与传播，增进各国人民对彼此的了解与友谊。"一带一路"倡议关注可持续发展，推动共建国家在经济增长的同时，注重环境保护、资源合理利用和社会可持续性。

圣托里尼卡尔刻拉度假村位于希腊爱琴海圣托里尼岛，是该地区最具代表性的旅游目的地之一，以壮丽的海景和独特的建筑风格而闻名。

圣托里尼卡尔刻拉度假村项目是中希双方在旅游业领域的合作项目。中国企业通过投资和技术合作，与希腊当地共同开发和建设高品质度假村，提供优质的住宿、餐饮、旅游娱乐等服务。圣托里尼卡尔刻拉度假村项目的合作促进了当地旅游业的发展，为当地创造了就业机会，增加了税收收入，并提升了旅游服务水平和国际竞争力。同时，中国企业参与该项目也获得了经济回报。中希合作共同打造的圣托里尼卡尔刻拉度假村成为中希人民友好交流的重要平台。游客们能够在这里共同体验中希文化，加深两国人民之间的了解和友谊。圣托里尼卡尔刻拉度假村作为一个旅游目的地，向世界展示了中希文化的融合与交流。在度假村内，中希两国的文化元素和传统艺术得到展示，游客可以欣赏和学习中希文化，并将其传播回自己的国家。圣托里尼卡尔刻拉度假村项目注重可持续发展理念，采取环境友好的建设方式，提倡资源的合理利用和生态保护，这有助于保护并维护圣托里尼岛独特的自然风光，推动可持续旅游的发展。中国—希腊圣托里尼卡尔刻拉度假村项目为"一带一路"倡议下的中希合作提供了成功案例，并为进一步加强中希经济合作和文化交流树立了典范。

中国—希腊圣托里尼卡尔刻拉度假村是体验奇妙之旅的理想选择，这里拥有令人叹为观止的自然景观和富有传奇色彩的历史遗迹。在这里，游客将被迷人的白色房屋、蓝色圆顶教堂和绝美的海滩所包围。圣托里尼卡尔刻拉岛是一个火山岛，因此形成了壮丽的地形和景观。这里可以欣赏到陡峭的悬崖、沿海的绝佳观景点和蔚蓝的海洋。同时，还可以参观著名的火山口和温泉，感受独特的自然奇观。除了自然风光，圣托里尼卡尔刻拉度假村还拥有悠久的历史和许多文化遗产，这个岛屿在古代就有着重要的地位，留下了许多精彩的遗迹。游客可以参观古希腊的考古遗址、传统村庄和博物馆，了解这个地区丰富的历史与文化。此外，圣托里尼卡尔刻拉度假村还以著名的葡萄酒产区而闻名。岛上的气候和土壤条件非常适合葡萄栽培，从而生产出高品质的葡萄酒。游客可以参观当地的葡萄园，品尝红、白和甜型葡萄酒，深入了解这个地方的酿酒传统。

对于海滩爱好者来说，圣托里尼卡尔刻拉度假村是一个天堂般的目的地，这里有许多美丽的金色海滩，有清澈的海水。游客可以选择在阳光下沐浴、游泳或者尝试水上运动，如冲浪、划船等。圣托里尼卡尔刻拉度假村还提供各种豪华度假设施和服务，以满足游客的需求。游客可以选择入住高级酒店、别墅或度假村，享受奢华的设施和设备。此外，岛上还有众多优质的餐厅和商店，提供当地美食和手工艺品，让游客的旅程更加丰富多彩。

中国—希腊圣托里尼卡尔刻拉度假村是一个迷人的旅游目的地，拥有非凡的自然景观、悠久的历史、独特的文化和丰富多样的活动选择，它是一个完美的度假胜地，适合情侣、家庭和探险者。无论是想在浪漫的夕阳下漫步，在海滩上放松身心，还是想追寻历史遗迹和文化之旅，在圣托里尼卡尔刻拉度假村都能得到满足。与此同时，该目的地也是一个理想的婚礼和蜜月旅行地，提供了浪漫的氛围和独特的背景。

## 二、案例概况

圣托里尼岛位于希腊大陆东南 200 千米的爱琴海上，是一群火山组成的环岛中最大的一个岛，面积约为 96 平方千米，人口约 14 000 人。这里是柏拉图笔下的自由之地，以白色的小屋、蓝顶的教堂、湛蓝的爱琴海和红色、黑色、白色的沙滩而闻名。圣托里尼岛是欧洲著名的度假胜地，在旅游旺季岛上的人口会激增十倍，使其成为希腊游客密度最高的岛屿之一。这里有美味的食物和享誉世界的葡萄酒，有迷人的海岸线和全世界最美的夕阳，因此被称为希腊的王冠，也是世界最美的岛屿之一。

卡尔刻拉度假村（Caldera Premium Villas）位于岛上一个宁静而风景如画的地方，提供一流的设施和服务，让游客能够尽情享受这个迷人的岛屿。度假村通常提供豪华住宿，包括别墅、套房或公寓，房间装饰精美，配备现代化的设施。度假村内还有私人泳池、健身房、水疗中心和其他休闲设施，以满足游客的各种需求。除了度假村内部的设施，游客还可以探索圣托里尼岛丰富的文化和自然景观。他们可以参观历史悠久的考古遗址，如阿克罗蒂里遗址，探索迷人的小镇和村庄，品尝当地美食，并在美丽的海滩上放松身心。此外，游客还可以参加各种水上活动，如潜水、帆板等，或在岛上的市场购买手工艺品和纪念品。

在全球旅游业的版图中，中国与希腊合作开发的圣托里尼卡尔刻拉度假村犹如一颗璀璨的明珠，不仅连接了东西方的文化与历史，更开启了跨国旅游合作的新篇章。中国与希腊在圣托里尼的旅游合作，无疑为这片美丽的土地注入了新的活力。本次合作不仅局限于度假村的运营和管理，更深入到旅游目的地的推广、基础设施的规划与建设以及文化交流等多个层面。这种全方位、多层次的合作模式，不仅推动了圣托里尼旅游业的持续发展，而且深化了中希两国人民之间的友谊与理解。

## 三、案例经验与启示

### （一）携手共进：区域旅游发展与合作的战略联盟

"一带一路"倡议鼓励共建国家共同推进区域旅游发展，加强旅游资源整合与开发，提升旅游服务质量和品牌影响力，实现互利共赢。"一带一路"倡议通过加强交通、能源、通信等基础设施的互联互通，提高共建国家之间的交流便利度，促进区域旅游的发展。

圣托里尼卡尔刻拉度假村位于希腊爱琴海圣托里尼岛，拥有宜人的气候、壮丽的海景和独特的建筑风格，成为该地区最具代表性的旅游目的地之一。希腊作为中国"一带一路"倡议的重要合作伙伴，具有丰富的旅游资源和历史文化底蕴，与中国在旅游业、基础设施建设等领域存在广阔的合作空间。圣托里尼卡尔刻拉度假村项目是中希双方在旅游业领域的合作项目，中国企业通过投资和技术合作，与希腊方共同开发和建设高品质度假村，提供优质的住宿、餐饮、旅游娱乐等服务。

中希合作推动了圣托里尼卡尔刻拉度假村项目的发展，促进了当地旅游业的繁荣，提供了就业机会，增加了税收收入，推动了经济增长。圣托里尼卡尔刻拉度假村项目的合作有助于吸引更多中国游客前往希腊旅游，进一步扩大两国之间的旅游交流与合作。同时，也促进了希腊旅游业对中国市场的开拓和品牌建设。中希合作项目可以实现旅游资源的整合与互补，通过共享经验和资源，提供更多元化的旅游产品和服务，满足游客多样化的需求，促进区域旅游的发展。区域旅游发展与合作不仅是经济领域的合作，更重要的是促进人文交流和友好往来。中希合作项目圣托里尼卡尔刻拉度假村为游客提供了一个互学互鉴、体验不同文化的平台，深化了两国人民之间的了解与友谊。区域旅游发展与合作应注重可持续性，推动旅游业的绿色发展和生态保护，应通过采用环境友好的建设方式、倡导可持续旅游理念，保护和维护自然环境和文化遗产，实现旅游业的长期可持续发展。"一带一路"倡议下的中国—希腊圣托里尼卡尔刻拉度假村项目作为区域旅游发展与合作的典范，体现了亚欧非大陆国家间的经济合作、文化交流和可持续发展的重要性。该项目促进了希腊旅游业的繁荣和经济发展，也加深了中希两国人民之间的友谊。通过此类合作项目，中国和希腊在"一带一路"倡议下共同推进区域旅游的发展，为更多共建国家提供了参考和借鉴，促进了亚欧大陆的互联互通和共同繁荣。

### （二）魅力无限：旅游目的地推广的创新策略与实践

宣传推广在现代社会中具有不可或缺的作用。无论是企业还是个人，都需要通过宣传推广来提高知名度、树立品牌形象、扩大市场份额、促进销售、提升影响力等。为了更好地推广中国—希腊圣托里尼卡尔刻拉度假村，企业做了很多努力：第一，通过建设官方网站，借助旅游指南和社交媒体平台，提供详细的旅游信息、景点介绍和实时更新，方便游客获取相关资讯并进行在线预订。第二，通过各种媒体平台（电视、报纸、杂志和社交媒体）展示圣托里尼卡尔刻拉度假村的美景、活动和文化，吸引更多游客关注。第三，该度假村还与旅行社、航空公司和酒店合作，推出各种度假套餐和优惠，为游客提供便利和实惠的旅行选择。第四，组织各种推广活动，如线下展览、文化交流和旅游路演，积极增加度假村在艺术、音乐、电影等文化活动中的出镜率，将度假村的特色和魅力展示给更多人。

### （三）未来之基：前瞻性的旅游基础设施规划与建设

前瞻性的旅游基础设施规划与建设对于旅游业的发展至关重要。一个成功的旅游目的地不仅需要有独特的自然和人文景观，还需要有完善的基础设施来满足游客的需求并提升游客旅游体验。

**1. 度假村着重改善景区的基础设施**

为提供更好的旅游体验，度假村修建步行道、观景平台和旅游设施等配套设施。通过修建步行道，游客可以更轻松地欣赏到度假村周边的美景，感受大自然的美妙。观景平台的建设提供更好的观景角度和舒适的休息场所，让游客可以尽情享受迷人的风景。此外，度假村还增加旅游设施，如休闲区、儿童乐园和文化展示中心等，满足不同游客群体的需求。度假村还加强了对自然保护和环境可持续发展的投入。

**2. 致力于建设多元化、智能化交通设施**

交通基础设施对于旅游业的发展起着决定性作用。中国—希腊圣托里尼卡尔刻拉度假村深知提供便捷、高效和安全的交通连接对吸引游客、促进旅游业繁荣的重要作用。陆路交通对度假村与周边地区及游客出行至关重要，为提升道路质量和容量，减少拥堵，缩短旅行时间，提高旅行体验，度假村修建了现代化的公路和高速公路。同时，加强道路维护和管理，确保道路状况良好，提升交通安全性。水路交通也是关键交通方式，度假村加强了港口设施和航运服务。企业投资改造和扩建港口，提高装卸效率和服务质量。同时，加强海上交通规划和管理，确保航线畅通安全，方便游客水路到达，提供更多旅游选择，如游艇巡航和海上观光。航空交通也是连接中国和希腊的主要方式。为提供更便捷的旅行选择，度假村与航空公司合作增加直飞航班，缩短旅行时间，使游客更容易往返两国。度假村还改善机场设施和服务，提高旅客体验，为游客提供舒适和便利的旅行环境。

### 3. 致力于提供丰富多样的住宿选择

中国—希腊圣托里尼卡尔刻拉度假村为满足来自世界各地的游客的不同需求和偏好，引进国内外知名酒店品牌，并促进本地酒店业的发展，以打造舒适、现代化和高品质的住宿体验。一方面，引进国内外知名酒店品牌，为游客提供优质客房、现代化设施和周到服务。客房温馨舒适，配备高品质床上用品、家具和设施。现代化设施包括健身中心、室内外游泳池、水疗中心和会议设施等，为客人提供全方位体验。注重培养专业员工团队，提供细致服务，确保客人宾至如归。通过与知名品牌合作，圣托里尼卡尔刻拉度假村的游客可享受与全球顶级旅游目的地相媲美的住宿体验。另一方面，积极促进本地酒店业的发展。通过提供相关培训和支持，帮助本地酒店业提升服务质量和管理水平。鼓励本地酒店业与国际品牌进行合作，共同提升竞争力。此外，还支持本地酒店业进行设施改造和升级，以满足不断变化的市场需求。同时，注重可持续发展和环保，采取节能减排、资源回收等措施，减少对生态环境的影响。

### 4. 致力于提升旅游服务水平

中国—希腊圣托里尼卡尔刻拉度假村致力于提高旅游服务质量，注重从业人员的专业培训与素质提升。通过组织系统的培训课程，强化员工的客户服务技巧、沟通技巧以及对目的地知识的掌握。同时，着重培养员工的服务态度、文化敏感性和团队合作精神，以确保他们能为游客提供个性化且高品质的服务。度假村还鼓励员工保持持续学习的态度，不断自我提升，以适应旅游行业的快速发展和变化。

度假村设立旅游信息中心，为游客提供全面、准确的旅游信息与咨询服务。该中心涵盖景点介绍、交通指南、活动日程、当地文化及风俗等多方面的内容。配备对目的地有深入了解的工作人员，通过多渠道为游客提供专业的建议与帮助。同时，利用互联网和移动应用等技术手段，确保信息的实时更新，便于游客随时获取所需的旅游资讯。旅游信息中心为游客提供更加便捷、个性化的旅行规划服务。游客可依据准确的信息选择心仪的景点与活动，并获得针对性的建议，从而提升满意度，增强对度假村的信任与忠诚度。这有助于推动旅游业的可持续发展，提升度假村的声誉与竞争力，吸引更多游客光临，进一步促进旅游业的繁荣与发展。

**5. 致力于推动可持续旅游发展和保护当地自然环境**

中国—希腊圣托里尼卡尔刻拉度假村致力于保护当地的自然环境和文化遗产。度假村重视保护生态系统和环境资源，并鼓励游客采取环保措施和文明旅游行为。度假村通过开展环境教育活动来增强游客的环保意识，这包括组织研讨会、讲座和展览，向游客传达环保知识和环保的重要性。度假村向游客介绍当地的生态系统和自然景观，解释生物多样性的重要性，并呼吁游客共同努力保护和保持环境的可持续性。度假村通过宣传活动传达环保信息，在度假村内设置环保标语和宣传牌，提醒游客保持环境整洁，减少垃圾和能源的浪费；他们还制作宣传资料和指南，向游客介绍如何在旅行过程中减少对环境的负面影响。度假村还鼓励游客参与保护工作。他们组织志愿者活动，例如海滩清洁、植被保护等，邀请游客参与并体验环保行动的重要性。通过这样的活动，游客更深入地了解当地生态系统的脆弱性，并认识到个人的责任和作用。

度假村推行可持续发展的管理措施。度假村优化能源利用方式，采用节能设备和绿色技术，减轻环境的负荷。同时，度假村鼓励使用可再生能源，例如太阳能和风能，以减少对传统能源的依赖。度假村与当地社区和政府密切合作，共同制定和执行环保政策。他们遵守相关法律法规，尊重当地文化和传统，确保旅游活动对社区的积极影响，并为当地居民提供就业机会和经济发展。

通过以上措施，中国—希腊圣托里尼卡尔刻拉度假村促进了当地可持续旅游发展，保护了自然环境和文化遗产。度假村呼吁，游客、度假村和当地社区共同努力，实现可持续旅游的目标，为未来世代留下美好的自然和文化遗产。

### （四）感知异域：用文化交流深化旅游体验

中国—希腊圣托里尼卡尔刻拉度假村致力于通过丰富多样的文化活动促进中国和希腊文化的交流与传播。度假村组织各类文化表演和展览，包括舞蹈、音乐、绘画、手工艺品等内容，以展示两种文化的独特之处。艺术家们有机会展示他们的才华，为游客呈现精彩的演出和作品。在度假村内，举办文化讲座，为游客提供了解和体验两国文化的机会，这些讲座涵盖各个方面内容，如历史、艺术、哲学、文学等。专家学者分享他们对中国和希腊文化的深入研究和理解，使游客能够更全面地了解两国文化的背景和内涵。同时，开设工作坊，让游客亲身参与制作工艺品、学习舞蹈或乐器演奏等活动，从而深入感受并体验两国文化的魅力。除了文化表演和文化讲座，度假村还举办主题展览，展示中国和希腊的传统艺术和文化遗产，这些展览展示珍贵的文物、古代工艺品、绘画和摄影作品等，为游客呈现两国文化的宝贵财富。通过观赏这些展览，游客可以了解和欣赏中国和希腊文化的独特之处，并加深对两国文化传统的认识。文化交流不限于度假村内部，度假村还积极与当地社区和机构合作，举办各种文化活动和交流项目，这包括与当地学校、博物馆和艺术机构开展合作，共同举办展览、音乐会等文化活动。通过与当地居民和文化从业人员的互动，游客有更广泛的接触和了解，深入体验中国和希腊文化的魅力。这些文化活动和交流项目，促进了两国文化的交流与传播，增进了游客对不同文化的理解和尊重；同时，也丰富游客的旅行体验，使他们在度假的同时获得文化的享受和启发。

中国—希腊圣托里尼卡尔刻拉度假村成为一个中希文化交流的平台，鼓励游客参与各种交流活动，以促进两国文化的交流和认知。首先，组织中国和希腊传统文化交流演出，包括武术表演、舞龙舞狮表演等精彩节目。通过欣赏这些表演，游客可以体验中国和希腊文化的独特之处，感受两国文化的魅力，这样的演出不仅会给游客带来视听上的享受，还会促进游客对文化的认知。其次，推动文化体验项目，让游客有机会深入了解并体验两国文化的精髓，包括开展中希传统手工艺制作和烹饪课程等活动。游客可以亲自参与制作中国和希腊的传统手工艺品，学习制作过程和技巧，并了解其背后的文化内涵。此外，烹饪课程使游客学习中希美食的制作方法和特点，领略两国独特的饮食文化。最后，举办中希文化讲座和讨论会。专家学者分享关于中国和希腊文化的知识和见解，引导游客更深入地了解两国的文化背景以及艺术、哲学等方面文化内容，这样的讲座和讨论为游客提供了学习和交流的平台，促进了跨文化的理解和友谊。通过这些交流活动，中国—希腊圣托里尼卡尔刻拉度假村成为一个独特的文化交流平台，激发游客对中希文化的兴趣，增进他们对不同文化的理解和尊重，这样的交流与体验加深了两国之间的友谊和互信，推动了文化旅游的发展。

中国—希腊圣托里尼卡尔刻拉度假村不仅是一个文化交流平台，还致力于为游客提供丰富多样的旅游体验。周边地区拥有壮丽的自然风景和世界级的文化遗产，为游客提供了独一无二的探索机会。徒步旅行是一种深入感受自然风光的方式，通过设计不同难度和长度的徒步路线，让游客欣赏到大自然的美景。骑行探险则可以让游客以更快的节奏探索周边地区，欣赏海岸线和村庄的迷人风景。此外，度假村还提供海上娱乐活动，如帆船巡游、潜水等，让游客享受海洋的乐趣。通过与游客的沟通，度假村了解他们的喜好和需求，并根据其要求量身定制个性化的旅行计划，这包括安排特色美食之旅、艺术与文化之旅、自然探险之旅等，让游客能够根据自己的兴趣深入体验和探索。除了自然风景，中国—希腊圣托里尼卡尔刻拉度假村周边还拥有丰富的世界级文化遗产。度假村组织参观古迹和历史遗址的活动，如希腊古城底比斯的参观、中国悠久历史的考察等。通过这些文化遗产探访活动，游客可以了解两国丰富的历史和文化传统。由于游客的需求和喜好不同，度假村提供多样化的住宿选择。从高档豪华酒店到舒适的民宿，游客可以根据自己的预算和个人喜好选择合适的住宿方式。综上所述，中国—希腊圣托里尼卡尔刻拉度假村努力为游客提供丰富多样的旅游体验。无论是自然探险、文化交流还是历史遗迹参观，度假村都根据游客的需求和兴趣提供定制化的服务，确保游客在度假村的度假时光里获得难忘的体验和回忆。度假村期望通过这样的努力，让中国—希腊圣托里尼卡尔刻拉度假村成为一个吸引人们前来探索和体验的旅游目的地。

"一带一路"倡议给中国—希腊圣托里尼卡尔刻拉度假村带来了持续发展的机遇,但其发展也面临着挑战。通过加强文化交流、提供多语言服务、推动可持续发展和环境保护,以及不断提升品牌形象和服务质量,中国—希腊圣托里尼卡尔刻拉度假村可以克服这些挑战,实现可持续发展并成为"一带一路"合作的成功典范。

# 第十一章 文化艺术交流——丝绸之路国际艺术节（Silk Road International Arts Festival）

文化艺术交流是增进人民之间相互了解和友谊的重要途径。通过文化艺术的交流与对话，不同国家之间可以深入认识彼此的历史、传统、价值观等，推动民心相通，促进多元文化的共存与发展。"一带一路"共建国家拥有丰富多样的文化艺术资源，包括语言、音乐、舞蹈、戏剧、绘画、雕塑等，这些独特的文化元素反映了各国的传统与现代文化，具有很高的艺术价值和观赏性。在过去几年的发展中，各国之间的文化交流愈发频繁密切，为"一带一路"合作注入了新的活力与内涵，其中，以丝绸之路国际艺术节为典型。这一节会集结了共建国家的优秀文化艺术资源，通过丰富多彩的活动形式，向世界展示了"一带一路"共建国家独特的文化魅力和艺术风采，搭建起了这些国家和地区之间沟通交流的桥梁，促进了这些国家文化产业的协同发展，也为各国艺术家提供了一个展示才华、交流学习的重要平台，推动了世界文化的多样性发展与繁荣。

## 第一节　丝绸之路国际艺术节概况

丝绸之路国际艺术节是一场连接东西方文化的盛会，旨在促进世界各国之间的文化交流与合作。作为中国首个以"丝绸之路"为主题的国家级综合性国际艺术节，它由中国文化和旅游部、陕西省人民政府共同主办，陕西省文化和旅游厅承办，永久落户陕西省。

丝绸之路国际艺术节以"加强中华文化对外交往、提高文化开放水平，积极推动'一带一路'建设，促进民心相通；精心打造'丝绸之路'这一中华文化的载体和品牌，弘扬中华文化'和平、和谐、合作'的价值理念；通过文化交往努力提升国家文化软实力，助推实现'文化强国'的宏伟目标"为指导思想，聚焦"丝路核心、中华文化、国际元素"三大主题，以丰富的内容及形式展现出世界文化的多样性和中华文化的永恒魅力，获得了广泛赞誉。这一文化盛会不但邀请了来自丝绸之路经济带和海上丝绸之路沿线国家和关联国家的杰出展演项目前来参与，同时也欢迎新疆、广西、甘肃、青海、福建、西藏、宁夏等国内丝绸之路沿线省区的杰出项目加入①。2014年至2023年这十年间，丝绸之路国际艺术节已成功举办了九届，累计吸引了来自全球百余个国家和地区的艺术家、表演团体和文化使者参与。在第二届丝绸之路国际艺术节举办时，突尼斯文化部部长拉提法·拉赫达曾对其表达了高度的赞誉，并表示世界各国人民和各国决策者都应将该艺术节的核心理念融入本国政策和规划之中。随着其规模、品牌价值和国际影响力的不断增强，丝绸之路国际艺术节已成为传承和宣扬丝路精神、推动丝路沿线国家（地区）加深合作、共同发展的重要交流平台，为世界各国的文化交流树立了有益的典范。

## 第二节　丝绸之路国际艺术节发展历程及主要内容

### 一、发展历程

作为古代丝绸之路的起点，陕西承载着悠久的历史，拥有丰富的文化遗产。丝绸之路和陕西有着天然的情感和渊源连接。自古以来，陕西便是文化和商业交流的重要中心，其地理位置使其成为东西方交流的桥梁。古代丝绸之路的开辟，促进了陕西与中亚、欧洲等地的经济、文化交流，使陕西成为古代中国对外贸易的重要枢纽之一。

2013年秋，习近平总书记正式提出共建"一带一路"倡议构想，倡议提出后不久，陕西省政府就树立起"丝绸之路经济带新起点"的建设目标，紧接着陕西省文化厅提出了"建设丝绸之路经济带新起点文化先行"的鲜明工作思路。首届"丝绸之路国际艺术节"自2013年9月下旬开始策划以来，便得到了文化部的精心指导以及中共陕西省委、省人民政府等单位的大力支持。2013年，丝绸之路国际艺术节经党中央、国务院批准永久落户在陕西，并拟定每年举办一届。丝绸之路国际艺术节是全国第一个有关丝绸之路的国家级艺术节，是陕西省从文化层面践行"一带一路"倡议的具体举措和实施载体，是陕西省

---

① 人民网. 首届丝绸之路国际艺术节开幕 [EB/OL]（2014-09-13）[2024-03-18]. http://culture.people.com.cn/n/2014/0913/c1013-25653660.html.

文化厅落实"丝路新起点建设文化先行"理念的具体行动。

首届艺术节于2014年9月12日至27日在西安举办，拉开了丝绸之路国际艺术节的序幕，一直到2018年，每年在陕西举办一届，一共举办了五届。丝绸之路国际艺术节的连续举办，逐渐树立了其国际品牌形象，并得到了越来越多的关注和认可。其中，2016年9月举办的第三届丝绸之路国际艺术节，引入了新的创举——设立了"艺术评论组"。评论组共被划分为音乐、戏剧、歌舞和展览四个小组，各自展开相关工作。除了评论内容丰富，评论组的成员也来自各行各业，不仅包括专职评论人员，还广泛邀请了媒体记者、高校师生以及网民积极参与。这一举措初步形成了一个传统媒体与新兴媒体相互补充、专业媒体与大众媒体共同合作的联盟组织，构建起一个活跃、理性、多层次、多渠道、多角度的评论体系，增强了丝绸之路国际艺术节的影响力。

2019年9月举办的第六届艺术节聚焦文旅融合高质量发展，进行了大胆创新、积极尝试，取得了显著的成效，吸引了更多国家和地区的艺术家参与，进一步拓展了艺术节的国际影响力。创新举措主要包括三方面：一是首次举办了文旅融合高峰论坛，倡导并创建了"西安旅游演艺联盟"；二是首次采用了市场化运作模式，充分发挥了财政资金杠杆作用，同时也拓展了投资渠道；三是首次推出了文旅惠民券，广大观众可以通过登录陕西文旅惠民微信公众号使用该券购票①。在以上创新举措的推动下，艺术节不但初步形成了政府补助资金引导社会资本投资艺术节的办节模式，同时也真正将文化惠民政策落到了实处。

2020年，受到全球性新冠疫情的影响，丝绸之路国际艺术节暂停举办。但随着国际疫情形势逐渐得到控制，2021年的第七届艺术节如期举行，并引起了国际社会的广泛关注。同时，丝绸之路国际艺术节也在积极探索新的合作模式和文化交流途径，不断创新。例如，第七届和第八届艺术节均采取了线上线下相结合的方式举办。其中，第八届的"中拉艺术交流回顾展"就引入了线上展播板块，在"丝绸之路国际艺术节"云端数字平台上展示和推广艺术节活动，以多语言进行宣传，吸引观众参与在线交流互动，深刻感受艺术的魅力。

---

① 陕西省文化和旅游厅. 第六届丝绸之路国际艺术节圆满落幕 [EB/OL](2019-09-22) [2024-03-18]. http://whhlyt.shaanxi.gov.cn/content/content.html?id=7967.

这一举措也吸引了众多境外社交媒体争相报道，扩大了传播范围，让更多国际艺术爱好者感受到第八届丝绸之路国际艺术节浓厚的艺术氛围。

第九届丝绸之路国际艺术节于2023年10月15日至29日在西安举办，正值"一带一路"倡议十周年。该届艺术节以"进一步落实中国—中亚峰会的成果，并深度融入共建'一带一路'大框架"为旨归，总共吸引了来自90多个国家和地区以及国内9个省（市、自治区）的艺术家和文化团体的热情参与，获得了超过800万观众的关注，线上点击量更超过了4000万次，显示了其在全球范围内的巨大影响力。丝绸之路国际艺术节不仅在推动中外文明交流互鉴、传承丝路精神方面发挥了重要作用，为促进"一带一路"共建国家民心相通提供了重要平台，同时也为共建"一带一路"这幅伟大蓝图增添了一抹绚丽的色彩。

## 二、活动内容

丝绸之路国际艺术节作为国家"一带一路"重点文化项目，受到了文化部（今文化和旅游部）的高度重视，并已被纳入了《文化部"十三五"时期文化发展改革规划》和《文化部"一带一路"文化发展行动计划（2016—2020年）》之中[①]。艺术节的活动内容除开幕式外，主要包括了文艺演出、美术展览、艺术论坛、惠民巡演以及系列专题活动五个板块，活动形式丰富，彰显出丝路文化"和而不同、美美与共"的动人魅力。

文艺演出板块主要包括交响乐、打击乐、爵士乐、民乐和民歌等音乐会，秦腔、豫剧等传统戏曲以及舞剧、话剧、音乐剧和儿童剧等现代戏剧。百余场演出形式丰富，内容精彩，呈现出丰富多彩的文化魅力，让观众沉浸在音乐与戏剧的艺术飨宴中。美术展览板块以开放、包容、多元的艺术视角呈现，展示了来自各参与国家、地区艺术家的优秀美术、书法和摄影作品，旨在展示丝绸之路的历史文化、美丽风情与辉煌成就，宣扬"和平合作、开放包容、互学互鉴、互利共赢"的丝路精神。例如，第九届丝绸之路国际艺术节的美术展展览板块就集结了来自90余个丝路沿线国家和地区的600余件美术作品。

---

① 孟蕾，蔺宝钢. 丝绸之路国际艺术节视野下国际美术展的文化传播价值研究[J]. 云南艺术学院学报，2022，(03):105-112.

艺术论坛是丝绸之路国际艺术节的又一创新表现形式，为中外艺术家和文化学者搭建起研讨交流的平台，其中包括"丝路文化·长安论坛"、"丝绸之路与汉唐文化国际高端论坛"、"丝路影像"文化论坛、"今日丝绸之路国际美术论坛"、"中国—阿拉伯国家剧院高层论坛"等重要论坛。艺术论坛以携手共创未来为目标，通过对话促进合作，通过交流达成共识。讨论的主题涵盖创作理念、产业发展、文化传承、理论研究等多元文化领域，为中外文化艺术的合作与发展持续注入新的思想动力。

惠民巡演板块展示形式也丰富多样，巡演深入到城市、社区、高校和企业，为普通市民提供参与艺术节的机会，让他们近距离欣赏系列精彩的国际现代艺术盛宴。专题活动板块也随着多届艺术节的举办持续更新内容、创新形式，包括了国际青年汉学家研修计划、国际现代艺术周、国际动漫游戏文化周、国际儿童戏剧周以及长安诗歌周等。这不仅丰富了艺术节的内容，也提升了其社会影响力，促进了文化交流与合作的深入发展。

### 三、形成的成果与影响

首先，从表现形式来看，各届丝绸之路国际艺术节不断推陈出新，不断超越，积极融入"一带一路"大格局。从首届开始，艺术节特设专题活动（见表 11-1），包括国际现代艺术周、国际动漫游戏文化周、国际儿童戏剧周、"国风·秦韵"长安诗歌周、国际青年汉学家研修班等，来满足不同人群的文化艺术需要。其中，"拉美艺术季"作为中国与拉美及加勒比地区文化交流的重要品牌项目，自 2013 年首次举办以来，已经成为两地文化交流的重要桥梁，已有超过 300 位来自拉美地区的艺术家应邀来华参加文化艺术展示和交流活动，为推动中拉文明互鉴发挥了关键作用[①]。在 2022 年，"拉美艺术季"首次被纳入丝绸之路国际艺术节框架下开展，成为一项重要活动。此举不仅对陕西国际文化旅游中心的建设起到了重要推动作用，促进了当地文化事业的发展，而且也为中拉文化交流与合作开辟了更广阔的空间[②]。

---

① 秦毅. 丝路文旅合作的专业平台作用日益突出 [N]. 中国文化报, 2022-10-19(004).
② 西安新闻网. 2022 年"拉美艺术季"西安开幕 [EB/OL](2022-09-17)[2024-03-18]. https://www.xiancn.com/content/2022-09/17/content_6636320.htm.

## 第十一章 文化艺术交流——丝绸之路国际艺术节
（Silk Road International Arts Festival）

表 11-1　历届丝绸之路国际艺术节专题活动一览表（部分）

| 序号 | 时间 | 专题活动名称 |
| --- | --- | --- |
| 1 | 第二届 | 丝绸之路国际创意动漫文化周、丝绸之路国际现当代舞艺术周、丝绸之路国际儿童戏剧周、陕港音乐交流 2015 |
| 2 | 第三届 | 国际现代艺术周、国际儿童戏剧周、国际创意动漫周、长安诗歌周、国际青年汉学家研修班 |
| 3 | 第四届 | 国际现代艺术周、国际动漫游戏文化周、国际儿童戏剧周、"国风·秦韵"长安诗歌周、国际青年汉学家研修班 |
| 4 | 第五届 | 国际青年汉学家研修班（西安班）、国际现代艺术周、国际儿童戏剧周、国际创意动漫周、丝路长安大学生艺术节 |
| 5 | 第六届 | 国际青年汉学家研修计划（西安）、国际现代艺术周、国际儿童戏剧周、国际创意动漫周、庆祝中华人民共和国成立 70 周年全省优秀剧（节）目展演 |
| 6 | 第八届 | 拉美艺术季、泰国文化日、国际儿童戏剧周、2022 西安国际数字互动娱乐文化周、非遗活动展演 |
| 7 | 第九届 | 马来西亚文化日、丝路起点文旅体验、儿童戏剧周、非遗大集、青年艺术家扶持计划、国际现代艺术周 |

资料来源：作者根据网络资料整理

从第八届开始，丝绸之路国际艺术节开始推出"国家文化日"这一专题活动，进一步凸显出艺术节在促进丝路文旅合作方面的专业平台作用，为国际文旅合作交流打下坚实的基础。例如，第九届丝绸之路国际艺术节创新举办马来西亚文化日，以文艺表演和图片展览的形式，让更多的人了解马来西亚，促进了文化的交流互鉴；第八届丝绸之路国际艺术节主要围绕泰国文化交流举办了泰国文化日，通过西安泰国文化和旅游图片展、西安泰国商品展等活动，充分拉近了中泰双方民众关系。此外，第九届丝绸之路国际艺术节也是首次举办"丝路起点文旅体验"之旅，组织艺术家们实地参观、体验陕西多处丝路文化主题景点，并通过他们的创作让更多外国朋友了解陕西。

其次，从参与艺术节的国家和地区数量来看也是显著上升，由首届 30 个国家和地区增加到第五届的 118 个（见图 11-1），不仅有丝路沿线国家加盟，还吸引到众多 21 世纪海上丝路相关国家参与。艺术是国家间、民族间相互亲近的重要纽带，举办丝绸之路国际艺术节，对于丝绸之路各国的人文交流和政治、经济等领域的合作起到了无可置疑的助推作用。另外，艺术节的举办也对陕西省文化旅游起到了拉动作用。作为西北地区唯一的入境旅游枢纽，陕西省通过举办丝绸之路国际艺术节、承办丝绸之路旅游部长会议等活动，以及建立京沪陕中国入境旅游枢纽合作机制，全面提升了陕西文化旅游的国际知名度，陕西省入境旅游人次实现了显著增长。2014年，陕西省接待境内外游客达到3.32亿人次，旅游总收入为2521.40亿元。其中，接待入境游客为266.30万人次，旅游外汇收入为14.16亿美元。而到了2019年，全年接待境内外游客达到7.07亿人次，年均增长率为16.32%，旅游总收入达到7211.21亿元；与此同时，入境游客数量增至465.72万人次，国际旅游收入也上升至33.68亿美元。

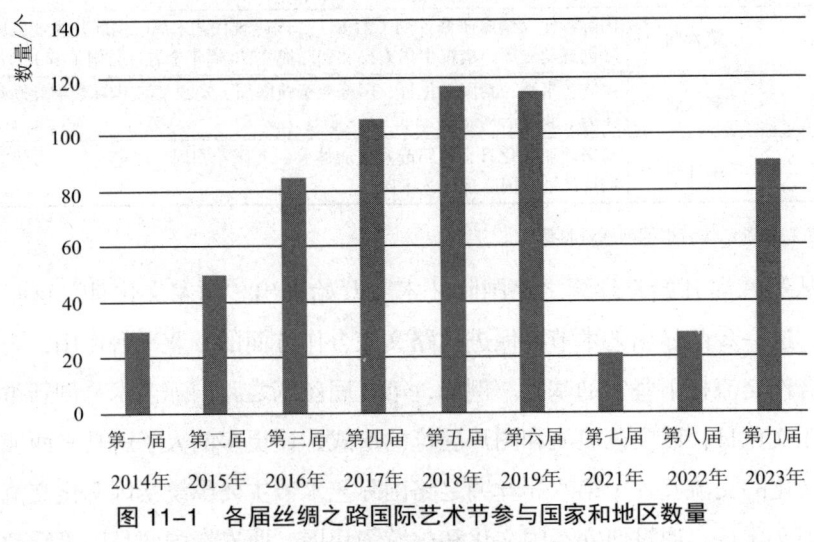

图11-1　各届丝绸之路国际艺术节参与国家和地区数量

数据来源：作者根据陕西省文化和旅游局等官方网站资料整理

## 第三节　案例总结与启示

### 一、节会的国际性和持续性

丝绸之路国际艺术节的国际性和持续性为推动共建"一带一路"倡议提供了一个文化传承与交流平台。首先，丝绸之路国际艺术节的国际性体现为其参与国家和地区的范围广。其吸引了来自世界各地的艺术家、文化团体以及观众参与其中，包括泰国、马来西亚、意大利、土耳其、哈萨克斯坦、吉

第十一章 文化艺术交流——丝绸之路国际艺术节
(Silk Road International Arts Festival)

尔吉斯斯坦、格鲁吉亚、俄罗斯、立陶宛、波兰、保加利亚、法国、新加坡、韩国等丝绸之路经济带、海上丝绸之路共建国家。其次,丝绸之路国际艺术节的持续性体现在其长期的举办和不断发展壮大的趋势上。自2014年首届艺术节举办以来,已经连续举办了多届,并且在不断探索创新中拓展其影响力和参与度。作为一个连接东西方文明的重要节会,丝绸之路国际艺术节也汇聚了来自多个国家和地区的艺术形式和文化遗产,同时也得到了社会各界的广泛支持和关注。这种持续性的举办不仅促进了丝绸之路沿线国家和地区之间的文化交流与合作,也为全球范围内的文化交流与互动提供了一个有益的平台。

丝绸之路国际艺术节的国际性与持续性相互交织,相辅相成,使得不同国家和地区的文化交流得以持续深入,形成了一个长期的文化合作网络。这对于各国文化产业的发展而言也是一种机遇,为各国开启了一扇通往文化繁荣的大门。这启示我们,在"一带一路"合作中,更要以开放包容、和平合作的丝路精神,继续扩大与世界各国的文化交往,促进民心相通;也应当充分认识到这一机遇的重要性,积极利用各国丰富的文化资源,推动文化产业的蓬勃发展,为经济发展注入新的活力与动力。

## 二、文化特色突出,艺术形式多元

丝绸之路国际艺术节主要围绕丝绸之路沿线国家和地区的文化展开,始终坚持精品路线。不仅展示了丝绸之路文化的魅力,也将丝路精神传递给了更广大的观众。丝绸之路国际艺术节涵盖了多种艺术表达形式,包括绘画、雕塑、音乐会、舞蹈、戏剧等,融合了传统与现代、东方与西方等不同风格。

艺术节活动的主要板块内容丰富、精彩纷呈。其中,舞台艺术演出集结了国内外高水平、充满民族特色的剧目,为观众带来了一场艺术的饕餮盛宴。例如,首届艺术节就吸引了俄罗斯远东国立歌舞剧团、韩国釜山国立国乐院、立陶宛弦乐四重奏乐团等国外知名团体参演。同时,东方歌舞团的《丝路风情·天涯若比邻》、甘肃有敦煌"活壁画"之称的《丝路花雨》、福建的《丝海寻梦》以及广西的《碧海丝路》等歌舞剧紧密围绕丝绸之路主题,生动地表现出丝绸之路的文化魅力。"中国—阿拉伯国家非物质文化遗产精品展""中国人眼中的阿拉伯世界摄影展""今日丝绸之路国际美术邀请展""意大利插画及摄影展""中亚地区人文非遗图片展"五大展览也为观众带来了全方位的文化体验,充分展现出丝路沿线国家的文化内涵。

丝绸之路沟通中外,是一条互通互惠之路。文化的流动也是双向的、互利的,既要有输出,也应有输入。在当下,中国主办丝绸之路国际艺术节是"引进来",以后我们更多地还要"走出去"。对于艺术来讲"中国的也是世界的",我们要以中国元素、国际表达方式,通过对历史演绎达到对现实观照的目的,以现代科技、现代艺术的技法构成新颖的创意作品,进一步提高中国文化软实力[①]。

### 三、关注产业发展和创新

丝绸之路国际艺术节作为丝路文化在国际上的一张名片,不仅是文化交流的平台,也是文化产业发展的重要机遇。特别是自第二届开始,艺术节不仅增设了一系列的专题活动,如"丝绸之路国际创意动漫文化周"和"丝绸之路国际现当代舞艺术周"等,还组织了动漫产业论坛、创意设计大赛、新品发布会以及版权交易等活动,不仅极大地激发了创意潜能,也为促进西部地区文化产业的国际交流与合作搭建了有效的平台,提供了有力支持。

逐渐关注科技的创新运用也是丝绸之路国际艺术节近年发展中呈现出的重要特征。例如,第九届艺术节的开幕式《无界·长安》就将非遗艺术与科技巧妙结合,呈现出全新的剧场表演形式,创造出独特、震撼的效果,使艺术焕发出新的发展活力。《无界·长安》以长安为原点,结合秦腔、皮影、民歌等传统元素,组成了"和鸣、霓裳、影人、万象、长安、重圆、共生、传奇、同辉"9大篇章,构成了9个创意段落,震撼的视觉效果让观众直呼过瘾。

总之,丝绸之路国际艺术节作为一项集文化交流、文化产业发展于一体的综合性国际艺术节,不仅是一次视觉和听觉的盛宴,也是一次文化资本的汇聚和投资,更是一次开拓创新和拓宽国际视野的机遇。当前,新一轮科技革命和

---

① 任意,崔兵."丝绸之路国际艺术节"影响力研究[J].智库时代,2018(32):144-145.

产业变革正孕育兴起,科技创新为传承和发展丝路文化带来了新的机遇,成为推动文化事业与文化产业高质量发展的重要引擎。应深刻把握世界科技发展大势,加速推进科技与文化的深度融合,更好地赋能丝绸之路文化的传承、创新,抢占文化创新发展的制高点。应充分发挥数字化传播优势,构建具有鲜明中国特色的战略传播体系,创造更多承载丝路文化、丝路精神的数字文化产品,培育更具国际影响力和竞争力的文化品牌。

第十二章

中国和乌兹别克斯坦合办『丝绸之路』国际旅游和文化遗产大学

在全球化的时代，教育作为连接各国人民、促进文化交流的桥梁，显得尤为重要。中国与乌兹别克斯坦，作为"一带一路"沿线的重要国家，在旅游文化教育领域的合作具有深远的意义。为了共同推动旅游文化教育的发展，中乌两国决定合办"丝绸之路"国际旅游和文化遗产大学（以下简称丝路大学），这一创举不仅为两国教育合作树立了典范，也为"一带一路"共建国家的文化交流注入了新的活力。丝路大学作为中乌教育合作的结晶，承载着培养国际化人才、促进中乌文化交流的重要使命。通过丰富的课程设置和专业的发展规划，丝路大学致力于为学生提供国际化的教育环境和多元化的文化体验，培养出具有国际视野和跨文化交流能力的优秀人才。

## 第一节　丝路大学发展概况

### 一、丝路大学的创办背景

丝绸之路是古代东西方之间的交流和贸易通道，对于文化、经济和政治的交流起到了重要的促进作用。中国和乌兹别克斯坦都位于古代丝绸之路上，拥有丰富的历史和文化遗产，并且两国之间一直保持着密切的交往和合作。

"一带一路"倡议是中国提出的一个全球性经济合作倡议，旨在促进共建国家和地区之间的互联互通、贸易合作和共同发展。该倡议包括了经济、贸易、基础设施建设等多个领域，其中旅游文化也是其重要组成部分之一。为了推动"一带一路"旅游文化合作，依据乌兹别克斯坦2018年6月28日总统令创建的"一带一路"中乌国家合作项目，中国和乌兹别克斯坦决定共同合办丝路大学（Silk Road University），专门培养旅游、文化遗产、博物馆管理和创意产业领域的高水平专业人才。丝路大学是中亚地区第一个旅游专业高等教育学校，旨在加强中乌两国在旅游文化领域的交流与合作，促进旅游业的发展和文化遗产的保护。通过合办丝路大学，中国和乌兹别克斯坦可以共同开展旅游文化领域的教育与研究项目，提供相关专业的培训和学术交流机会，这将促进两国之间的人员往来和学术合作，加强旅游业的发展和文化遗产的保护，同时也为"一带一路"沿线其他国家和地区提供了一个交流与合作的平台[①]。

## 二、丝路大学的使命与目标

丝路大学的使命与目标是在"一带一路"倡议框架下，加强中国和乌兹别克斯坦之间的旅游文化教育合作，并推动丝绸之路相关研究、人才培养和文化遗产保护。丝路大学致力于促进中国和乌兹别克斯坦以及"一带一路"共建国家之间的旅游文化交流与合作。通过提供优质的教育和培训，丝路大学将培养具备跨文化意识和专业知识的旅游从业人员，推动旅游业的发展。同时，丝路大学将举办研讨会、学术会议和文化活动，为不同国家和地区的专家学者提供交流平台，促进旅游文化领域的理论研究和实践经验分享。

作为丝绸之路的主题大学，丝路大学将致力于开展丝绸之路相关研究。该大学将组织专家学者开展研究项目，深入探讨丝绸之路历史、文化、艺术和经济等方面的问题。通过这些研究成果的传播与应用，丝路大学将为"一带一路"共建国家和地区提供有关丝绸之路的知识和信息，促进对丝绸之路的认识和理解。丝路大学将致力于培养旅游文化领域的专业人才。通过提供多样化的学位和非学位教育项目，丝路大学将为学生提供系统的旅游文化教育，培养他们的专业能力和跨文化交流技巧。丝路大学还将与旅游行业和相关机构建立合作关系，为学生提供实习和就业机会，使他们能够在旅游行业中具备竞争力，并为行业的发展做出贡献[②]。

丝路大学将积极参与丝绸之路沿线国家和地区的文化遗产保护工作。通过与当地文化遗产机构和组织的合作，丝路大学将开展文化遗产保护的培训和研究项目，推动科学的遗产保护方法和策略的传播与应用。丝路大学还将组织学生和教师参与实地考察和保护项目，提高他们对文化遗产保护的认识和责任感。丝路大学将作为一个桥梁和纽带，致力于增进丝绸之路沿线国家人民之间的友谊和相互理解。通过举办交流活动、学生交流项目和国际合作研究等方式，丝

---

① 邢宁航. 我国中外合作办学市场准入的法律问题研究 [D]. 兰州：甘肃政法大学，2022.
② 薛海波. 中国与外高加索三国跨境高等教育合作刍议 [J]. 福建工程学院学报，2020，18(02):178-184.

路大学将促进不同国家和地区之间的人员往来和文化交流,加深彼此的了解和友谊,推动共同发展。丝路大学将以可持续旅游发展为导向,致力于培养具备环境意识和社会责任感的旅游从业人员。通过教育和实践项目,丝路大学将传授可持续旅游的理念和实践经验,推动旅游业在经济发展的同时注重资源保护、环境保护和社会受益。丝路大学还将开展相关研究,为可持续旅游政策和实践提供支持和建议。

## 三、培养方向与课程学习

丝路大学作为"一带一路"旅游文化教育合作的重要机构,设计和提供多样化的课程设置,以满足学生在丝绸之路历史文化、文化遗产保护、跨境旅游合作和文化交流、旅游行业管理与规划、创意旅游与数字旅游等方面的专业学习需求,奠定中乌两国旅游人才培养的坚实基础,为推动"一带一路"旅游文化合作与发展做出积极贡献。

### 1. 丝绸之路历史文化与文化遗产保护方向

学生将学习丝绸之路的起源与发展、主要节点和文化交流等,以加深对丝绸之路历史文化的理解和认识。课程还专注于丝绸之路上的文化遗产保护与可持续管理,培养学生在文化遗产领域的专业知识和技能。同时开展实地考察和实践项目,例如参观丝绸之路上的重要景点和遗产,与当地人民交流,理解和感受丝绸之路的独特魅力[1],以加深对丝绸之路旅游文化的亲身体验。

### 2. 跨境旅游合作和文化交流方向

学生将学习不同文化间的差异和相似性,了解文化在旅游交流中的重要性,并掌握跨文化交流所需的语言、礼仪和沟通技巧。课程着重研究跨境旅游的特点、挑战和机遇,以及不同国家的旅游合作模式和机制。同时对跨境旅游的法律法规、市场趋势、行业标准,以及如何促进不同国家间的旅游合作与交流均进行有益探索。此外,丝路大学与旅游行业、文化机构和国际组织建立起

---

[1] 新疆师范大学学报与石河子大学学报合办"新疆高校期刊服务'一带一路'建设"研讨会[J]. 新疆师范大学学报(哲学社会科学版),2016,37(06):159.

广泛的合作关系，为学生提供实习、交流和就业机会，综合提高学生的专业技能。

**3. 旅游行业管理与规划方向**

学校课程开设着眼于学生旅游管理专业基础知识和行业管理能力的培养。一方面关注游客行为心理学和体验管理相关理论，分析游客的动机、决策过程和行为特点，了解游客体验的要素和管理策略，探索如何提升游客满意度和忠诚度，探讨促进旅游业可持续发展策略；另一方面提高学生的市场调研和数据分析的能力，通过设计和执行旅游市场调研项目、收集和分析市场数据、评估目标市场需求和竞争环境，同时结合市场调研、品牌建设、营销策略等学习内容为旅游业提供准确的发展建议。在此基础上，学校课程还关注学生的旅游规划的原理与方法论培养，通过学习如何评估旅游资源、分析旅游市场、策划旅游产品、制定规划策略等，来提升学生的行业管理与运营思维。继而通过旅游企业的运营管理和创新策略学习，培养他们在旅游企业中的管理和领导能力。

**4. 创意旅游和数字旅游方向**

丝路大学紧跟市场需求和行业发展趋势，不断更新和调整课程设置，结合实际情况开设更多相关的、切合实践所需的专业课程，如创意旅游设计、数字旅游管理等。课程学习以如何利用文化遗产、艺术表演和创意产业等资源，打造独特的旅游产品和体验，促进文化艺术的传承和经济发展为根本目标，研究文化艺术与旅游业的融合发展模式和策略。课程还关注数字旅游和科技创新在旅游业中的应用。学生将学习数字技术、人工智能、物联网等前沿技术在旅游业中的应用案例和发展趋势，了解如何利用科技手段提升旅游产品和服务的品质和效率。

## 第二节 丝路大学成果展示

### 一、中乌合作与成果展示

"一带一路"倡议旨在促进共建国家之间的互联互通和合作发展。中国和乌兹别克斯坦作为"一带一路"的关键合作伙伴,积极推动旅游文化教育领域的合作,并共建丝路大学。中乌丝路大学是中乌两国共同合作设立的高等教育机构,致力于推动旅游文化教育和中乌两国间的人文交流。该大学结合中乌丰富的历史文化资源,开展全方位的教育培训和学术研究,为"一带一路"旅游文化合作提供人才支持和智力支持。中乌合作与成果展示对于增进两国人民的相互了解、加深友谊、推动合作具有重要意义。通过合作项目和成果展示,中乌可以彼此了解对方国家的旅游文化特色和发展成就,促进双方经济繁荣和旅游业的可持续发展。

中乌丝路大学将积极推动教师和学生之间的交流与合作,开展联合研究项目。通过共同探索旅游文化教育的前沿问题,促进学科发展和创新。重点关注中乌两国的文化遗产保护与管理,通过合作项目和成果展示,促进文化遗产资源的保护与传承,增强人们对中乌文化遗产的认知和保护意识。探讨旅游目的地开发与营销的最佳实践,促进中乌旅游目的地的多样化和品质提升,吸引更多国内外游客到访。共同努力培养旅游文化领域的高素质人才,促进教育资源的共享和人才培养模式的创新,为"一带一路"旅游文化合作提供更多优秀人才。鼓励学生和专业人士参与旅游文化创意和品牌推广,推动中乌旅游文化产品的创新和品牌建设,提升其在国际市场的知名度和竞争力。

中乌丝路大学将增进中乌两国人民之间的友谊和相互了解,加深对彼此文化、历史和传统的认知。通过合作与成果展示,可实现以下几点:促进两国人民的交流互动,拓宽视野,增进友谊。推动中乌旅游业的发展与经济繁荣;共同开发和推广旅游目的地,吸引更多游客,促进旅游业的增长,带动相关产业的发展，为经济繁荣创造机会；丰富"一带一路"旅游文化合作的实践经验，为其他"一带一路"国家提供借鉴和参考，激发更多国家在旅游文化教育领域的合作潜力，形成更加广泛的合作网络和机制；提升中乌两国在国际舞台上的声誉和影响力，展示两国在旅游文化教育领域的专业能力和创新成果，增强两国在国际社会中的话语权和影响力。

中乌丝路大学的合办以及中乌合作与成果展示将为中乌两国的友好交往、旅游业发展和文化遗产保护等方面带来积极的影响。同时，它也为其他"一带一路"共建国家提供了一个成功的范例，推动"一带一路"倡议的实施，并促进更广泛的国际合作。

## 二、合作前景与可持续发展

中国和乌兹别克斯坦合办丝路大学是一项推动旅游文化教育领域合作的重要举措，也将成为培养旅游文化领域高素质人才的重要平台。在今后的合作中，双方可以借鉴彼此的办学与人才培养经验，在旅游目的地开发、文化遗产保护、创意产品设计、"一带一路"旅游品牌建设、国际旅游营销等领域展开广泛深入的合作，共同推动学科发展和创新成果的转化应用。

为确保中乌丝路大学的可持续发展，双方应加强合作机制建设，并提供政策支持，包括优惠政策、资金支持、人才培养等方面的支持，为大学的长期发展提供稳定保障。注重提高教育质量和学术水平，完善课程设置、师资队伍建设和教学管理，不断提升培养出来的人才的专业素质和竞争力。同时，加强科研能力和创新思维培养，提升学校的学术声誉和影响力。积极拓宽国际合作与交流渠道，与其他"一带一路"共建国家的高校、研究机构等建立合作伙伴关系。通过多方合作与交流，进一步提升丝路大学在国际教育界的知名度和影响力。

中乌丝路大学的可持续发展需要注重环境保护和可持续发展理念的融入。在教育和研究过程中，应鼓励环境友好型的旅游规划和管理模式，推动文化遗产保护与可持续旅游的结合，促进生态环境的保护和可持续利用。建立长期稳定的合作伙伴关系。通过与政府、企业和社会各界的合作，共同制订发展目标和规划，并落实具体项目，确保合作的延续性和稳定性。不断创新教育模式和科技应用，充分利用信息技术和互联网平台，开展在线教育、远程培训等，扩大教学效果和教育资源的覆盖范围，促进可持续发展。积极参与"一带一路"倡议下的国际合作机制，如丝路大学联盟等。通过多边合作平台，加强与其他国家和地区高校的联系，共同推动旅游文化教育领域的交流与合作，实现可持续发展。

　　总之，中乌丝路大学在旅游文化教育领域的合作前景广阔，具有良好的可持续发展潜力。通过加强合作机制、提升教育质量、拓宽国际合作渠道以及注重可持续发展理念，中乌丝路大学可以实现长期稳定的合作，并为中乌两国的旅游文化教育产业发展和人才培养做出积极贡献，进一步推动"一带一路"倡议的实施。

第十三章 马尔代夫马累独立广场旅游合作

马尔代夫，被誉为"印度洋上的明珠"，以其绝美的海岛风光和丰富的水上活动吸引着世界各地的游客。马累，作为马尔代夫的首都，更是旅游的重要目的地之一。其中，马累独立广场不仅是城市的政治、文化中心，也是游客感受马尔代夫历史与文化的重要场所。近年来，马尔代夫马累独立广场的旅游合作日益受到关注。通过区域旅游发展与合作、旅游目的地推广、旅游基础设施建设以及文化交流与旅游体验等多方面的努力，马累独立广场的旅游吸引力不断提升，为马尔代夫旅游业的发展注入了新的活力。中马两国马累独立广场的旅游合作不仅促进了马尔代夫旅游业的繁荣，更推动了中马两国在人文领域的交流与互鉴。接下来，我们详细探讨这次合作的背景、内容、挑战以及取得的成果与影响，以了解马尔代夫马累独立广场旅游合作如何书写旅游合作的新篇章，为全球旅游业的发展贡献智慧和力量。

## 第一节　马累独立广场旅游合作概况

### 一、案例背景

马尔代夫是一个美丽的海岛国家，以其白沙滩、蓝天和清澈海水而闻名于世。然而，由于该国地理位置偏远，交通不便，限制了游客的到访数量。为了促进马尔代夫旅游业的发展，并充分利用"一带一路"倡议提供的机遇，中马两国决定在马尔代夫首都马累的独立广场进行旅游合作。马累独立广场是马尔代夫的标志性地标之一，也是该国政治和文化活动的重要场所。合作双方共同投资于马累独立广场周边的基础设施建设，包括道路、桥梁、停车场、排水系统等，这有助于提高游客前往马累独立广场的便捷性和舒适度。

中马两国在"一带一路"倡议下开展的马累独立广场旅游合作，旨在改善马尔代夫旅游目的地的基础设施，提升游客体验，并促进当地旅游业的发展。该合作具体包括基础设施建设、文化景观提升、旅游设施建设、旅游推广与市场开拓、人员培训与技术合作等多个方面，这些努力旨在吸引更多游客前来马累独立广场，推动当地旅游业的繁荣。

合作双方致力于改造独立广场及其周边地区的文化景观，包括修复历史建筑、美化公共空间、增加雕塑和艺术品等。为了吸引更多游客到访，合作伙伴在独立广场附近建设酒店、度假村和购物中心等旅游设施，这为游客提供了多样化的住宿选择和购物体验，并带动当地旅游业的发展。中马两国加强了旅游推广和市场开拓的合作，通过举办旅游展览、国际旅游交流会议以及联合营销活动，他们共同将马累独立广场作为一个独特的旅游目的地进行推广，吸引更多的中国游客和其他国家的游客前来探索。中马两国加强了人员培训和技术合作，中国可以分享旅游管理经验和技术，帮助马尔代夫培养更多的旅游专业人才，提高服务质量和管理水平。此外，中马两国还加强了文化交流，并在旅游业发展中注重生态环保。他们共同努力保护马尔代夫的自然环境和海洋资源，倡导可持续旅游发展理念，实现经济效益与生态效益的平衡。

通过该合作项目，马尔代夫能够充分利用中国作为世界最大旅游市场的优势，吸引更多中国游客前来旅游。中国游客数量庞大且不断增长，其对购物、度假和海岛景观的需求很高。同时，中马两国的文化交流也加深了双方的互相了解和友谊。此外，马尔代夫从中国的旅游管理经验和技术合作中获益。中国在旅游业方面积累了丰富的经验，包括酒店管理、旅游推广、行业标准等，通过人员培训与技术合作，马尔代夫能够提高旅游从业人员的服务水平和专业素质，从而为游客提供更好的旅游体验。这一合作案例有望为马尔代夫的旅游业带来巨大发展机遇，马尔代夫以其独特的自然环境和海洋资源享誉世界，通过与中国的合作，马尔代夫可以更好地开发和利用这些资源，实现可持续的旅游发展。然而，这一合作也面临着一些挑战。其中包括文化差异、市场竞争、基础设施建设成本等方面。双方需要密切合作，充分沟通，解决问题，并制定有效的策略来应对挑战，确保合作项目的顺利实施。

## 二、区域旅游发展与合作

"一带一路"倡议旨在促进共建国家之间的互联互通和合作发展，区域旅游发展与合作是该倡议的重要组成部分，通过加强交通、基础设施和文化联系，共建国家可以共同开拓旅游市场，实现互利共赢。

区域旅游发展具有多方面的优势。首先，地理相邻的国家可以共享资源和客源，实现旅游产品的互补和整合。其次，区域旅游发展可以提高旅游目的地的知名度和竞争力，吸引更多国际游客前来探索。最后，区域合作可以促进交流与互鉴，推动文化交流和旅游体验的丰富多样化。

区域旅游合作可以通过多种方式实现，例如，合作国家可以共同开发旅游线路和景点，推出跨国旅游产品。另外，合作伙伴可以加强旅游市场的宣传和推广，共同参与国际旅游展览和活动。此外，区域合作还可以在人员培训和技术交流方面进行加强，提高服务质量和管理水平。

区域旅游合作也面临着一些挑战，包括文化差异、基础设施建设、政策协调等问题。为了克服这些挑战，合作伙伴需要加强沟通和协商，建立良好的合作机制和框架。同时，各国政府可以提供支持和便利，制定相应的政策和法规，为区域旅游合作创造良好的环境。

随着"一带一路"倡议的深入推进，区域旅游合作迎来更多机遇和挑战。合作伙伴可以进一步加强互联互通，提高基础设施和交通网络的连接性。此外，合作伙伴还可以加强文化交流与旅游融合，丰富和创新旅游产品和体验，通过共同努力，实现区域旅游发展的可持续性和共赢局面。

在"一带一路"倡议下，中国与马尔代夫在马累独立广场旅游合作中展示了区域旅游发展与合作的重要性。区域旅游合作能够充分利用共建国家的资源和客源，推动旅游产业的互补和整合。然而，区域旅游合作也面临一些挑战，需要各方加强协作和解决问题，通过共同努力，区域旅游合作的未来展望是积极的。在区域旅游发展与合作的推动下，共建国家将实现更紧密的联系和深入的合作。首先，随着基础设施的改善和互联互通的加强，共建国家之间的旅游往来更加便利和高效。建设更多的交通枢纽、扩大航线网络以及促进边境通关便利化都为旅游业发展提供更多机会。其次，区域旅游合作促进多样化的旅游产品和体验。各国可以共同开发跨国旅游线路，将不同国家的景点、文化和特色产品进行整合，提供更丰富多样的旅游选择，这吸引更多的游客来到该地区，延长他们的停留时间，并增加他们的消费。再次，区域旅游合作还带动相关产业的发展。旅游业的蓬勃发展刺激酒店、餐饮、交通运输等服务行业的需求，同时也促进本地手工艺品、特色商品等产业的繁荣。最后，区域旅游合作也加强了文化交流与理解。各国游客在旅行中能够更深入地了解其他国家的文化、传统和习俗，从而增进友谊与互信。长远来看，区域旅游发展与合作有助于推动经济增长、促进就业、加强文化交流和提高生活水平，通过共同努力，共建国家可以实现旅游业的协同发展，打造一个繁荣、可持续发展和共赢的区域旅游目的地。

### 三、旅游目的地推广

旅游目的地推广是吸引游客、增加知名度和提升竞争力的关键，通过有效的推广措施，可以吸引更多游客前往该目的地旅游，并促进旅游业的发展。中国和马尔代夫合作可以采取多种策略来共同推广旅游目的地马累独立广场。

组织各类市场推广活动，如旅游展览、路演、媒体宣传等，向潜在游客展示马累独立广场的独特魅力和旅游产品。利用互联网和社交媒体平台开展推广活动，通过精准投放广告、制作优质内容、与潜在游客互动等方式，扩大目标受众并提升知名度。加强中马两国的文化交流，通过举办文化活动、展览和演出等形式，向中国游客介绍马尔代夫的文化、传统和特色，增强其对该目的地的兴趣。提供中文导游、翻译服务以及中文旅游宣传资料等，方便中国游客的旅行，并提供更好的沟通和服务体验。

为了推广旅游目的地，马累独立广场可以通过改善游客体验来提升口碑和吸引力，这包括提升酒店和旅游设施的质量、加强旅游服务的专业性和友好性、保护环境和自然资源等。推广旅游目的地还需要不断创新和发展旅游产品，以满足不同游客的需求。马累独立广场可以开发丰富多样的旅游产品，如海岛度假、水上运动、海底探险、文化交流体验等，以吸引更多游客的兴趣。为了有效推广目的地，中国和马尔代夫可以在航空公司、旅行社、酒店集团、在线旅游平台等方面建立合作伙伴关系，共同开展市场推广和产品合作，扩大宣传渠道、提供更多便利和优惠，增加游客选择马累独立广场的动力。

马尔代夫马累独立广场旅游合作在旅游目的地推广方面具有重要意义，通过以上所述市场推广活动、数字营销、文化交流、中文服务等策略，可以提升马累独立广场的知名度和吸引力。同时，改善游客体验、创新旅游产品、建立合作伙伴关系等举措也带动目的地推广的成功。

广泛的市场宣传和推广活动，能够提高马累独立广场的知名度，吸引更多游客选择该目的地旅游，这为旅游业带来更多的收入和就业机会；精心设计的营销策略和优质的服务体验，能够塑造马累独立广场的积极形象，这有助于打造目的地品牌，吸引更多游客长期支持和口碑传播。旅游业是马尔代夫的重要支柱产业之一，通过增加游客到访量和提高消费水平，可以促进当地经济的发展和多元化。旅游业的繁荣带动其他相关行业的发展，推动整个地区的经济增长。同时，旅游是不同文化之间交流与了解的重要桥梁，通过加强中马两国的旅游合作，可以促进文化交流、深化友好关系，并增进两国人民之间的相互了解和互信。

在中国和马尔代夫的合作下，通过精心制定的目的地推广策略和合作伙伴关系的建立，马累独立广场有望成为吸引更多中国游客的热门旅游目的地，这将带动当地旅游业的繁荣和经济的发展，同时促进两国之间的友好交流与合作。

## 第二节　马累独立广场面临的其他挑战和成果启示

### 一、旅游基础设施建设

马尔代夫马累独立广场旅游基础设施建设包括以下多个方面内容。（1）为了促进游客到访马累独立广场，需要加强交通网络建设，这包括改善航空运输连接，增加直飞航班或航线频次，提高机场设施的服务能力；此外，还包括开展陆路和海上交通的合作，以提供多样化的交通选择。（2）在马累独立广场增加高品质酒店和住宿设施，是提升旅游基础设施的重要举措，这包括建设豪华度假村、精品酒店和经济型住宿，以满足不同游客的需求。同时，建设中应注重将环保和可持续发展的设计理念纳入考虑。（3）马累独立广场的旅游景点和设施建设是吸引游客的重要因素，因此需要投资和开发新的旅游景点，如海洋公园、水上运动中心、文化遗址等，以提供丰富多样的游览体验。此外，改善现有景点的基础设施和服务质量也至关重要。为了提供优质的旅游服务，需要加强旅游服务设施的建设，这包括建设游客接待中心、旅行社办事处、导游培训机构等。同时，加强人才培训，提高服务人员的专业素养和语言能力，以满足游客的需求。（4）随着数字化时代的到来，良好的电信和网络基础设施对于旅游发展至关重要，通过加强网络覆盖和提供高速宽带服务，可以方便游客进行信息交流、在线预订和分享旅行体验。（5）作为旅游目的地，马累独立广场需要注重水资源和环境的保护，这包括加强水处理设施、垃圾处理系统、环境保护措施的建设与管理，以确保旅游业的可持续发展。（6）为了保障游客的安全，需要加强旅游基础设施的安全和风险管理措施，这包括安置紧急救援设备、培训专业的应急人员、建立有效的监测系统等，以应对自然灾害、突发事件和游客安全问题。

通过以上加强交通网络、增加酒店和住宿设施、旅游景点和设施、旅游服务设施、电信和网络基础设施，以及关注水资源和环境保护、安全和风险管理等方面的建设，可以提升马累独立广场作为旅游目的地的竞争力和吸引力。

在马累独立广场旅游基础设施建设方面，中国和马尔代夫的合作有以下多种具体模式：中国与马尔代夫合作可以共同投入资金用于旅游基础设施建设，这包括贷款、援助和投资等形式，用于改善交通网络、酒店和住宿设施、旅游景点和设施等方面。中马两国可以共同开展旅游基础设施合作项目，共同建设和管理，如共同开发度假村、旅游公园等，提高效率和资源利用，实现双方互利共赢。中国可以向马尔代夫提供技术支持和经验分享，特别是在基础设施建设方面，这包括工程设计、规划和管理的专业知识，以确保项目的高质量和可持续性发展。加强人才培训，提升马尔代夫本土人才在旅游基础设施建设和管理方面的能力。中国可以提供相关培训计划和交流机会，促进人员之间的技术和经验分享。共同开展环境保护和可持续发展计划，通过采用可再生能源、节水和垃圾处理等环保措施，减少对自然资源的消耗和环境的影响，实现旅游业与生态保护的良性循环。共同加强旅游基础设施的安全管理，确保游客的安全和舒适，这包括加强设施的维护和监测、安全培训和应急预案的制定，以应对紧急情况和保障游客的安全。

中国与马尔代夫关于马累独立广场的旅游合作将促进马累独立广场作为旅游目的地的发展，吸引更多游客前往马累独立广场旅游，并促进旅游业的可持续发展，这为中马两国带来经济增长和人文交流的机会。

## 二、文化交流与旅游体验

"一带一路"倡议是中国提出的重大国际合作倡议，旨在加强亚洲、欧洲和非洲等地区之间的互联互通与经济合作。中国与马尔代夫在"一带一路"倡议下展开了广泛的合作，其中包括旅游合作、文化交流和旅游体验。中国和马尔代夫的旅游合作在双方经济发展和人员往来中起到了重要的推动作用，中国游客常常将马尔代夫作为梦幻度假胜地，而中国的旅行社和航空公司也积极开展与马尔代夫的合作，提供更便捷的旅游服务和机票预订。双方合作不仅促进了两国旅游业的繁荣，也为中国游客提供了更多的旅游选择。

文化交流在中马两国之间也得到了重视，中国和马尔代夫都有着深厚的历史文化底蕴，通过文化交流，两国人民可以更好地了解彼此的文化传统和习俗。举办文化节、艺术展览和演出等活动，为两国人民提供了互动和交流的平台。此外，中马两国也积极开展教育合作，加强学术交流和留学生互访，促进了人文交流的深入发展。旅游体验是中马合作中的重要一环，中国游客可以在马尔代夫享受美丽的海滩、清澈的海水和多元化的水上活动，如潜水、浮潜和帆船等。同时，马尔代夫也提供了丰富的文化体验活动，如参观传统村落、品尝当地美食和欣赏民俗表演，这些都为中国游客提供了独特的旅游体验，增进了中马两国人民之间的友谊和了解。

"一带一路"倡议不仅推动了中国与马尔代夫的旅游合作、文化交流和旅游体验，还促进了两国经济的发展，也为两国人民之间的互动和相互了解提供了机会，进一步加深了中马两国的友好关系。

## 三、持续发展与挑战

"一带一路"倡议为中国和马尔代夫之间的旅游合作创造了广阔的市场空间。中国庞大的人口基数和不断增长的中产阶级消费能力使得中国游客成为马尔代夫旅游业的重要客源市场。中国和马尔代夫在旅游合作协议签署、航班增加、签证便利化等方面取得积极成果，促进了两国之间的旅游交流和合作。

然而，"一带一路"倡议下的旅游合作也面临着一些挑战。

马尔代夫是一个海岛国家，其生态环境非常脆弱。随着旅游业的快速发展，过度开发和环境污染成为一个严峻的问题。中国和马尔代夫需要共同努力，制订并执行可持续旅游发展计划，保护当地的自然环境和文化遗产，确保旅游业的发展与环境保护相协调。中国和马尔代夫还需要加强政策沟通和协调，以便为双方的旅游合作提供良好的政策环境。此外，双方还需要共同开展市场推广和品牌建设，提高两国旅游目的地的知名度和吸引力。

中国和马尔代夫具有不同的文化背景和价值观，这导致在旅游合作中出现理解和沟通上的障碍。为了确保旅游体验的质量和满意度，双方需要加强文化交流和理解，提供更好的服务和互动方式，以满足不同文化背景的游客需求。文化差异和人员培训也是挑战之一。两国可以加强文化交流和培训，增进彼此的理解和互动，通过开展文化交流活动、提供多语言服务和培训旅游从业人员等措施，促进两国之间的文化融合和旅游合作的顺利进行。

## 四、案例成果与启示

"一带一路"倡议推动中国与马尔代夫在马累独立广场旅游合作方面取得了显著的成果，并产生了积极的影响。"一带一路"倡议为中国和马尔代夫之间的旅游合作开辟了更广阔的市场空间，中国游客对马尔代夫的关注度不断增加，中国成为该国重要的旅游客源市场之一。双方开展了合作，包括签署旅游合作协议、扩大航班数量和频次、简化签证手续等，为两国之间的旅游往来提供了更多便利条件，这促进了马尔代夫旅游业的快速发展，增加了旅游收入和就业机会。"一带一路"倡议推动了马尔代夫旅游基础设施建设的提升，中国在基础设施建设和投资方面的丰富经验和技术优势，推动了当地的旅游基础设施建设，提高了马尔代夫的旅游质量，进一步吸引了更多游客。

"一带一路"倡议下的马累独立广场旅游合作促进了中国与马尔代夫之间的文化交流，中国和马尔代夫都有悠久的历史和丰富的文化遗产，通过旅游合作，两国人民可以更好地了解彼此的文化传统和习俗。"一带一路"倡议还为马尔代夫提供了发展旅游业以外的经济机会，通过扩大旅游业，马尔代夫可以推动其他相关行业的发展，如农业、渔业、制造业等，这将带动当地经济多元化和可持续发展，减轻对旅游业的过度依赖。

"一带一路"倡议为马尔代夫马累独立广场旅游合作带来了显著的成果,包括扩大市场规模、提升旅游基础设施、促进文化交流和推动经济多元化等方面,这些成果对马尔代夫的经济发展和人民生活产生了积极的影响,同时也增进了两国之间的友好合作关系。随着"一带一路"倡议的深入推进,预计中马两国在旅游合作方面的成果和影响持续扩大。

# 第十四章 "一带一路"倡议与健康旅游业

健康旅游可分为医疗旅游和养生旅游两种形式，其特点是依托高水平医疗服务和先进技术提供治愈系旅游，提升或维持个人幸福感。在"一带一路"倡议发出的十余年间，中国传统医药继续漂洋过海，在世界上搭建起一座座"健康桥梁"，促进各国交流互鉴。土耳其得益于先进的卫生基础设施、年轻的劳动力、世界范围内开发的技术以及优越的洲际地理位置，是享受水疗、温泉、土耳其浴、宁静自然和瑜伽静修等专业理疗的理想目的地。随着"一带一路"的深入推进，土耳其一直着重发展健康旅游行业，现已成为"一带一路"旅游线路上独具魅力的康养旅游胜地。

## 第一节　中国中医药健康旅游发展

在这个喧嚣的世界里，人们在快节奏的生活中往往忽略了健康，而中医药健康旅游则是一种回归自然、追求健康的方式。在"一带一路"倡议推动下，中医药健康旅游不断走出去，在传播中医文化魅力的同时也向世界展示着中国文化的名片。

### 一、概念及内涵

首先，我们要明白，中医并非只是简单地治病，中医还蕴含着丰富的哲学思想和人文关怀的健康理念。它强调顺应自然规律，调和阴阳五行，让人体达到内在平衡，从而实现身心健康。这种理念与现代健康旅游的追求不谋而合，为人们提供了一种全新的休闲方式。

在中医药健康旅游中，我们可以参观古老的中药铺，了解各种草药的生长环境和功效，感受中药文化的源远流长。我们可以在专业医师的指导下，尝试针灸、拔罐等传统疗法，体验古老医学的神奇疗效。我们还可以走进中医药博物馆，回顾中医药发展的历史，领略先人的智慧和勤劳精神。

此外，在旅程中我们还可以品尝到各种美味的中药膳食，这些药食同源的美食不仅能滋补身体，还能让我们在享受美食的同时感受到中医药的魅力。我们可以在山水之间漫步，欣赏美景的同时进行气功、太极拳等健身运动，让心灵得到放松，身体得到锻炼。

总之，中医药健康旅游是指以中医药文化传播和体验为主题，以良好的自然环境和优秀的人文资源为依托，通过多种旅游活动方式，达到健康促进、疾病防控、文化传播的目的，满足人们日益增长的健康服务需求的一种全新的旅游方式。

## 二、"一带一路"下中国中医药健康旅游的"走出去"

在"一带一路"倡议的实施背景下，国务院在2015年和2016年先后发布的《关于进一步促进旅游投资和消费的若干意见》以及《中医药发展战略规划纲要（2016—2030年）》中均明确提出要积极发展中医药健康旅游。党的十九大报告也将发展健康产业建设写入了"实施健康中国战略"。在政府的大力引导和推进下，全国各省份积极响应，相继制订了各自的中医药健康服务发展规划，以推动中医药健康旅游融合发展、国际化发展策略。

中国中医药健康旅游作为中华优秀传统文化的重要组成部分，近年来在国际上的影响力日益增强。随着"一带一路"倡议的推进和中国对外开放的不断扩大，中国中医药健康旅游也加快了"走出去"的步伐，为全球健康旅游产业注入了新的活力。《"十四五"中医药文化弘扬工程实施方案》指出，到2025年，中医药文化产品和服务供给更为优质丰富，中医药博物馆事业加快发展，中医药文化传播体系趋于健全，打造一批中医药文化品牌活动、精品力作、传播平台，中医药文化传播队伍不断壮大，公民中医药健康文化素养水平提升至25%左右，中医药海外传播半径不断延伸，中医药"走出去"步伐更加坚实。据中国医药保健品进出口商会数据，目前，我国中药类产品出口呈现企稳增长态势。2023年上半年我国中药类产品出口额为29.15亿美元，同比增长3.63%，中药类产品出口已成为当下医药"出海"的重要品种。企业从中药种植源头狠抓质量、海关加大对企业的服务保障以及"一带一路"倡议下各项政策逐渐落实，都为中药"走出去"提供了诸多推力。

截至目前，我国中医药健康旅游的国际化发展取得了一定的成就，具体案例如表14-1所示。

表 14-1　中国中医药健康旅游国际化案例

| 时间 | 案例名称 | 活动内容 |
|---|---|---|
| 2016年8月 | 国家中医药管理局下发《中医药发展"十三五"规划》 | 发展中医药健康旅游服务，在政府积极引导、强化市场作用的前提下，推动旅游业与中医药健康服务业深度融合，初步构建起我国中医药健康旅游产业体系 |
| 2017年12月 | 2017中国—东盟传统医药健康旅游国际论坛 | 嘉宾学者们分组、分议题讨论了东盟各国传统医药与健康旅游融合发展的状况 |
| 2019年6月 | "中国旅游文化周"重磅活动——"中医药文化和健康旅游新西兰推介活动" | 中国中医科学院针灸医院代表在新西兰国家博物馆讲述了有关中医针灸的医学原理、基本手法与知识要点，令现场听众获益匪浅 |
| 2020年12月 | 首尔中国文化中心、北京中展丹青展览有限公司承办"精气神——中药文创暨旅游推广展" | 从中药演变历程及现代应用出发，通过中药图文展、中药文化旅游地图、原创绘本影像展三大板块，使韩国民众了解中药最初始的模样，进一步挖掘中药文化里蕴含的文学、艺术及哲学思想，通过现代创意手法，展现中国传统中医文化的多元新面貌。在加强韩国民众对中医药养生文化进一步了解的同时，有力地推动了文化旅游宣传 |
| 2023年7月 | 第二届山西五寨夏季康养峰会 | 以"发挥中医药特色优势，助推康养产业高质量发展"为主题 |
| 2023年10月 | 2023中国—东盟传统医药健康旅游国际论坛 | 由文化和旅游部、国家中医药管理局与广西壮族自治区人民政府共同主办，以"传统医药养生文化与健康旅游产业发展"为主题 |
| 2023年12月 | 第三届世界中医药学会联合会国际健康旅游大会 | 以"中医养生新赋能 健康旅游新未来"为主题 |

## 三、中国中医药健康旅游发展的关键

### 1. 政策支持与资源整合

"一带一路"倡议的深入推进为中医药健康旅游发展提供了最坚实有力的政策扶持，包括政策、资金、土地等方面的支持。政府通过出台相关政策，鼓励企业和个人投资中医药健康旅游产业，提高了产业的竞争力和吸引力。

政府通过整合优势资源，包括中医药人才、中药材、医疗机构、健康管理机构等，提高了中医药健康旅游的服务质量和水平。未来可以建立中医药科技园区、中药材种植基地等，为游客提供更加优质的中医药健康旅游服务。同时，政府通过制定税收优惠、财政补贴等政策，吸引更多的游客前来体验中医药健康旅游发展的同时也推动了其"走出去"的步伐，为"一带一路"的建设搭建了"健康桥梁"。

**2. 产品创新与服务升级**

中医药健康旅游的发展得益于产品的创新，包括中医药养生、中医药美容、中医药保健、中医药疗养等。通过创新产品，吸引了更多的游客前来体验中医药健康旅游。

服务升级为中医药健康旅游发展提供了理念指导，如进行服务质量、服务标准、服务设施等的升级服务，从而不仅提高了游客的满意度和忠诚度，还增加了游客的重复消费率。差异化的竞争方式提高了产业的竞争力和市场份额，为"一带一路"中医药健康旅游业的发展提供了更加丰富的游客体验。

**3. 市场推广与品牌营销**

得益于"一带一路"品牌的打造，对中医药健康旅游通过网络营销、媒体宣传、渠道推广等方式进行宣传，成为提高中医药健康旅游知名度和影响力的有力途径，也为"一带一路"下的健康旅游业发展树立了榜样。

## 第二节 土耳其健康旅游发展

### 一、土耳其健康旅游发展概况

土耳其是衔接欧亚大陆的地理与文化桥梁，是最早支持共建"一带一路"的国家之一，是"一带一路"建设中不可或缺的合作伙伴。土耳其是一个现代化的国家，历史悠久，拥有极为丰富的旅游资源，包括一系列令人惊叹的历史古迹、教堂、清真寺和美丽的海岸线，除了去土耳其度假旅游，近年来土耳其因其人民的好客友善，以及高品质、经济实惠的医疗服务，在医疗旅游领域也有长足的进步，成为全球医疗旅游领域的后起之秀，尤其是吸引了大量来自亚洲、欧洲与中东地区的医疗游客。

土耳其作为健康旅游的重要国家之一，得益于外部"一带一路"倡议的实施，以及自身先进的卫生基础设施、年轻的劳动力、世界范围内开发的技术以及优越的洲际地理位置，土耳其也一直着重发展健康旅游行业。近些年，土耳其的医疗保健行业一直在扩大。而在全球范围内，随着经济繁荣，疾病状况的变化，全球人口的增长以及人口老龄化加剧，医疗保健行业正在扩大，人们对医疗保健服务的需求增加，这同样也在驱动土耳其医疗保健行业的发展。作为"健康转型计划"的一部分，土耳其的医疗基础设施有了显著提升，在此基础上，土耳其的医疗服务也明显提质。数据显示，2016 年，超过 35 万名国际患者前往土耳其寻求医疗服务，2017 年，土耳其接收了约 41 300 名国际患者。值得一提的是，土耳其拥有约 2000 个温泉，其数量仅次于中国温泉。土耳其国家统计局数据显示，过去十年中，土耳其的医疗旅游游客数量增长了十倍多，2008 年的医疗旅游游客数量是 75 000 人，2018 年则达到了近 100 万人。2021 年第二季度土耳其旅游业收入超过 30 亿美元，其中 73.1% 的收入来自外国游客，26.9% 来自居住在国外的公民。世界卫生组织发布的数据显示，土耳其成功跻身十大医疗旅游胜地之中，在医疗旅游目的地中土耳其排名第二，仅次于美国。2021 年土耳其医疗旅游访问量上涨 58.3 万人次。这就是许多人将土耳其列为世界医疗旅游十大目的地之一的原因。

## 二、土耳其健康旅游发展的优势

### 1. 医疗设施完备

土耳其拥有完善的医疗体系，合格的人力资源配置，以及较好的卫生基础设施和医疗技术。土耳其全国拥有由 5949 辆装备齐全的救护车和 21 架飞机组成的医疗救护队；有 27 954 家医疗机构，110 万名医护人员；拥有的符合国际医疗卫生机构认证标准的医院数量位居全球第四；同时，有 50 家医院通过国际联合委员会（JCI）认证，这使土耳其成为 JCI 认证医院排名第三的国家。拥有许多现代化的医疗机构并提供世界一流的医疗服务，加之土耳其的医疗费用相对较低，这对于吸引国际游客前来就医和旅游具有重要意义，使土耳其已成为欧洲最主要的健康旅游目的地。

### 2. 旅游资源底蕴丰富

土耳其是一个拥有丰富矿泉资源的国家，这些矿泉具有治疗各种疾病的功效。此外，土耳其还拥有许多风景优美的自然景观，如温泉、瀑布、湖泊等，这些都为发展健康旅游业提供了良好的基础。土耳其还是一个历史悠久的国家，拥有许多世界闻名的文化遗产。这些文化遗产不仅吸引了大量游客，也为健康旅游业的发展提供了独特的文化背景，为医疗游客提供了广泛的旅游机会。

**3. 政府重视旅游业发展**

"一带一路"倡议和土耳其"中间走廊"计划的推进，为土耳其政府立法支持医疗旅游业给当地提供了良好的契机。因此作为健康旅游的一部分，地热旅游发展也受到土耳其政府重视，政府开始制定发展路线，并与各航空公司合作，在客机上分发土耳其医疗旅游和地热旅游的宣传册等。2018年西安丝绸之路国际旅游博览会在古城西安举办。作为主宾国，土耳其将浪漫的地中海风情带到了博览会的现场，为推广土耳其健康旅游业拉开了崭新的一页。

## 三、土耳其医疗旅游发展建议

土耳其作为一个地跨亚欧两大洲的国家，拥有丰富的旅游资源和先进的医疗设施，具备发展医疗旅游的巨大潜力。然而，如何在激烈的全球市场竞争中脱颖而出，成为土耳其医疗旅游产业面临的重要问题。为了促进土耳其医疗旅游的发展，我们需要关注以下三个方面：首先，提高服务质量是吸引医疗旅游者的根本。土耳其应该加强对医护人员的培训，提高医疗服务水平，并完善医疗服务设施，为患者提供舒适的就医环境。其次，加强宣传推广是扩大土耳其医疗旅游市场份额的关键。土耳其应该利用各种渠道，如社交媒体、旅游展会等，宣传其医疗旅游的优势，吸引更多国际游客。最后，优化政策环境是促进土耳其医疗旅游发展的保障。政府应该出台相关政策，如税收优惠、财政补贴等，鼓励医疗机构和旅游企业合作，共同推动医疗旅游产业的发展，也为深入推进"一带一路"合作做出更大贡献。